Sabine Scholl

Lissabon

Literarische Streifzüge

Artemis & Winkler

Bibliografische Information der Deutschen Nationalbibliothek
Die Deutsche Nationalbibliothek verzeichnet diese Publikation
in der Deutschen Nationalbibliografie;
detaillierte bibliografische Daten sind im Internet
über http://dnb.d-nb.de abrufbar.

© 2009 Patmos Verlag GmbH & Co. KG
Artemis & Winkler Verlag, Düsseldorf 2005
Alle Rechte vorbehalten.
Umschlagmotiv: © Hemis/laif
Umschlaggestaltung: init . Büro für Gestaltung, Bielefeld
Printed in Germany
ISBN 978-3-538-07281-7
www.artemisundwinkler.de

Inhaltsverzeichnis

Von meiner Sprache aus sieht man das Meer.
Vergílio Ferreira

I. Warum Lissabon?

Damals, als ich das erste Mal dorthin ging, hieß es: Freu dich, das ist fast wie Urlaub, Lektorin in Portugal, der Süden, eine neue Sprache, das Gesicht der Sonne, die Leichtigkeit. Und wirklich empfingen mich Ende Oktober warme Luft und Palmen, ein Licht, das ohne starke Sonnenbrille schwindlig machte, sowie eine gewisse Trägheit, die über den Bewegungen der Menschen lag. Ein weiterer Eindruck war die Erfahrung der Gleichzeitigkeit von Altem und Neuem: Verlassene Häuser ließ man stehen und baute ein modernes daneben.

Als ich an der Universität eine meiner ersten Stunden hielt – es herrschte Campus-Atmosphäre, moderne flache Bauten, die Universität lag am Stadtrand, es dämmerte –, blickte ich aus dem Fenster und sah ein Pferd einzeln über den Rasen gehen, sah ein Lagerfeuer, eine Gruppe Roma, welche hier in diesem Zwischengebiet von Stadt und Natur Platz fanden. Von meiner Wohnung aus schaute ich aufs Meer, die vielfältigen Licht-spiele des riesigen Himmels, Containerschiffe, Frachtkähne und Segelboote, die über der weiten Wasserfläche kreuzten.

Für mich war Portugal damals, von Mitteleuropa, aus einem intellektuellen Milieu kommend, ein Land des Vergessens, wel-ches mich in eine wunderbar erleuchtete Enge trieb. Das Licht am Morgen, der Markt, ein weißes Segel und schon wollte ich nur noch zuschauen, wie die Vögel übers Wasser flogen. Die Weltabgewandtheit und Selbstgenügsamkeit des alten Portugal, so schädlich sie der Entwicklung des Landes vielleicht waren, konnten mich als Fremde durchaus faszinieren.

Vor allem handelte es sich damals um ein anderes Verhältnis zur Zeit, das zu erlernen war, man brauchte *paciência,* Geduld, ohne die man in Portugal nichts erreicht. Und Warten und Hoffen verbanden sich im Portugiesischen zu einem Wort: *esperar.* Und während die berüchtigte *saudade* das in der Vergangenheit Gebliebene beklagte, lebten in den durch die jahrzehntelange Diktatur entstandenen Zeitfalten verloren geglaubte Prozesse und ideologische Vorstellungen nahezu unversehrt fort. Diese Zeitreisen und Zeitsprünge machten Lissabon so aufregend und abenteuerlich.

In seiner Antrittsrede vom März 2005 betonte der in einen eleganten Armani-Anzug gekleidete Ministerpräsident der nunmehr sozialistischen Regierung Portugals, dass das Land weltoffen sein wolle. Dass es vorbei sein solle mit der Abgeschlossenheit und dass man sich vor allem Europa zuwenden wolle. Von der Welt hatten die Portugiesen aufgrund ihrer Entdeckungs- und Expansionsbemühungen tatsächlich schon jahrhundertelang mehr gesehen als so manche anderen Europäer. Jetzt aber ist es höchste Zeit, das Image des Landes als eine von netten Menschen bevölkerte Enklave des Tourismus zu korrigieren. Die Probleme der Globalisierung sind endgültig auch in Portugal angekommen. Und vom glorreichen Eintritt in die europäische Union sind zurzeit nur die Mühen, den von Europa gesetzten Kriterien nachkommen zu können, spürbar.

Weil der Weg in die Zukunft aber von den Resten aus der Vergangenheit gesäumt wird, beginnt er immer wieder mal von vorne. Das Nebeneinander von Kohlpflanzungen und Geldautomaten, von Eselskarren und Handys, von Brieftauben und elektronischen Alarmanlagen, von Hirten und Brokern, aber auch von sehr Armen und sehr Reichen ist Kennzeichen von sich rasant entwickelnden Großstädten überhaupt. Im Sinne eines Scheiterns von allumfassenden Entwürfen ist Lissabon inzwischen eine Stadt der Zukunft.

II. Navigationen –
Lissabon im Blick der anderen

STICHWORTE. Fußball-Europameisterschaft 2004, Weltausstellung 1998, weiße Stadt, Fado, Revolution, Pessoa. So oder ähnlich könnten die Stichworte zu Lissabon lauten, ein Minimalstand an Wissen über eine Stadt, die sich irgendwo, recht weit im Süden, genauer gesagt am südwestlichen Rand Europas, befindet.

Das »Gesicht, mit dem Europa schaut« – so bezeichnete der wohl bekannteste Dichter Portugals, Fernando Pessoa, dieses Land, eine bedeutungsreiche und zugleich rätselhafte Metapher. So gesehen wäre die Iberische Halbinsel Europas Kopf und der Blick des Kontinents ginge übers Meer in Richtung Westen, immer in die Weite. Diese Perspektive scheint aber nur für den portugiesischen Dichter stimmig, während Europa eher nicht dazu neigt, über sich selbst hinauszublicken.

Und so verwundert es nicht, dass sich die Bilder, die Besucher und Fremde in Reiseberichten, Feuilletons und literarischen Texten zu Lissabon erzeugen, von den Vorstellungen unterscheiden, die seine Bewohner vermitteln wollen. Doch die von außen herangetragenen Bilder verändern auch die portugiesische Sicht, wie der Autor Nuno Júdice angesichts der Fülle von Beschreibungen gerade aus deutscher Hand bemerkt: »Eine Art, sein eigenes Land kennen zu lernen, ist die Suche nach dem Bild, das der vorurteilslose Blick von außen sich von ihm macht. Natürlich kann diese Sicht an der Oberfläche bleiben oder verfälschende Bilder projizieren. Ein deutliches Beispiel dafür findet sich in der frei erfundenen Beschreibung Lissabons in Thomas Manns Roman *Die Bekenntnisse des Hochstaplers Felix Krull.*«

So variationsreich und subjektiv die Berichte der Lissabon-Reisenden in der Literatur auch sind, es setzen sich dennoch Invarianten, sich ähnelnde Strukturen durch, welche Aufschluss über diese spezifische Begegnung von Kulturen geben können. Allein die Auswahl der besichtigten Orte, die Interpretation der wahrgenommenen Phänomene gehorcht Mustern, die mehr über die Herkunft des Reisenden aussagen als über das besichtigte Land.

Entsprechend den Reiseberichten und literarischen Texten bewegen sich die Lissabon-Besucher vorwiegend in der Unterstadt, den großen Plätzen, auf den Hügeln der Burg, in den engen Gässchen der mittelalterlich anmutenden Alfama, streifen über den Chiado, schlendern an der breiten Mündung des Tejo entlang, verschaffen sich Überblick über die Stadt von einem der zahlreichen Aussichtspunkte oder bewundern bei der Anfahrt per Schiff und Flugzeug die theatralische Anlage Lissabons.

Wichtig ist in diesen Beobachtungen der Reisenden die Betonung des »südlichen« Flairs und Klimas, die Freundlichkeit, Gelassenheit oder Trägheit seiner Bewohner, wahlweise der Schmutz oder die Sauberkeit, das Ruinenhafte oder das Strahlend-Weiße. Auch der Lärm bleibt nicht unbemerkt und als spezifische Charakteristik wird stets die Melancholie der Portugiesen, der Lissabonner, der Fado-Sänger genannt. Für die literarisch gebildeten Besucher kommt noch der Dichter Pessoa als Symbol all dessen hinzu, was Lissabon zu sein scheint; für die politisch Interessierten die Euphorie und der Respekt für eine Revolution, die 40 Jahre Militärdiktatur unblutig beendete. Nur wenige Reiseberichte von außen sind dem modernen Lissabon gewidmet, dem Portugal als Mitglied der Europäischen Union. Schließlich ist es gerade das Archaische und

Uneuropäische der »alten Stadt« Lissabon, das den Fremden bezaubert. Überwältigt vom wunderbaren Licht und der für ihn ungewohnten Wärme übersieht der Besucher aus dem Norden dann gerne alles, was nicht ins schöne Bild passen will.

NAME. Bereist wird die Stadt seit Jahrhunderten und die Legende schreibt sogar die Gründung Lissabons dem berühmtesten Reisenden der Literatur zu: Odysseus soll auf seinen Irrfahrten hier Halt gemacht haben, da ihn das strahlende Licht an seine verlorene Heimat erinnerte. Diese Erzählung hat sich nicht zuletzt deshalb gehalten, weil in ihr Elemente der portugiesischen Mythologie angesprochen werden: wie das Motiv der Seereise, der Entfernung von der Heimat, das Heimweh, das Gefühl der Verlorenheit, das Gefühl, Spielball der Götter zu sein. Auf dem Gelände der Weltausstellung 1998, die ja auch eine Selbstdarstellung Portugals sein sollte, wurde dann tatsächlich eine Straße nach Odysseus benannt.

Der Name Lissabon wird unter anderem auf *Olissipo*, die römische Bezeichnung, zurückgeführt, welche die Stadt ab 205 vor Christus trug. Die Mehrheit der Forscher leitet den Namen aber aus dem phönizischen *Alis Ubbo* ab, das verschiedentlich entweder als »stille Bucht« oder auch »glückliches Gestade« übersetzt wird.

Das Glück, das die ersten Besucher und Siedler Lissabons wohl empfanden, findet Ausdruck in der römischen Bezeichnung *Felicitas Julia*. So wie die Phönizier und Römer hinterließen auch die Mauren Spuren ihrer Herrschaft in der arabischen Bezeichnung *Al-Ashbouna*. Aus diesem Namen lasse sich das heutige Lisboa herleiten, heißt es, in dem praktischerweise *boa* enthalten ist, die weibliche portugiesische Form für »schön«.

WAHRNEHMUNG VON AUSSEN. Ins Bewusstsein Europas gelangt Portugal das erste Mal mit den Entdeckungs-

Karavellen im Hafen von Lissabon. Theodor De Bry, Grands Viagens

fahrten und dem damit verbundenen Wissen um ein Jenseits des europäischen Kontinents: »Flugblätter, Handzettel und Pamphlete, königliche Rundschreiben in deutscher Übersetzung und Augenzeugenberichte von Schiffsfahrten und unbekannten Ländern zirkulierten in Deutschland bereits um 1500.« Der an einer Entdeckungsfahrt entlang der afrikanischen Küste teilnehmende, aus Deutschland stammende Martin Behaim, Erfinder des ersten Globus, den er Erdapfel nannte, soll solche Berichte aus der Fremde geliefert haben.

Es scheint wie eine Ironie des Schicksals, dass das Land in Europa erst wahrgenommen wurde, als seine Bewohner sich vom Kontinent entfernten – ein Paradox, das für die portugiesische Identität jahrhundertelang von Bedeutung bleiben sollte. Der zweite große dramatische Akt, mit dem Lissabon sich ins Gedächtnis Europas grub, war das Erdbeben vom 1. 11. 1755, die nachfolgenden Brände und eine Flutwelle, die die Stadt fast völlig zerstörten. Die Naturkatastrophe auf dem europäischen Kontinent beschäftigte die Philosophen der Aufklärung – das Zorn-Gericht der Natur hatte sich gegen den Menschen gewandt. Erschüttert verfasste Voltaire sein *Poème sur le désastre de Lisbonne*, in dem er das Axiom »Alles ist gut« hinterfragen wollte: »Getäuschte Philosophen, die ihr alles gut nennt, kommt her und seht die grauenhaften Trümmer, Ruinen, Fetzen, seht dieses Häuflein Asche.« Zwischen Rousseau und Voltaire entspann sich eine Diskussion, in der Voltaire die Position des resignierten Pessimisten einnahm, während sich Rousseau vor allem mit konkreten städtebaulichen Lösungen zur Verhinderung einer neuerlichen Katastrophe beschäftigte. Voltaire empfand die Sinnsuche in der Katastrophe als eine Verhöhnung der Opfer. Rousseau führte die Verantwortung für die Verwüstung auf den Menschen zurück, der Lissabon erbaut hatte und so dem Erdbeben und seiner zerstörerischen Macht zugearbeitet hatte. Der deutsche Philosoph Immanuel Kant

Das große Erdbeben von Lissabon, 1. 11. 1755. Johann Conrad Krüger

untersuchte die Katastrophe vor allem als Naturwissenschaftler; er entwickelte eine Theorie von unter der Erdoberfläche befindlichen Höhlen, die das Erdbeben zwangsläufig hatten herbeiführen müssen. Der höhere Sinn der Katastrophe war seiner Meinung nach, dem Menschen seine Arroganz gegenüber den Kräften der Natur deutlich zu machen. Auch Goethe erinnert sich in *Dichtung und Wahrheit* an den Eindruck des Bebens: »Eine große und mächtige Residenz, zugleich Handels- und Hafenstadt, wird ungewarnt von dem furchtbarsten Unglück betroffen. Die Erde bebet und schwankt, das Meer braust auf, die Schiffe schlagen zusammen, die Häuser stürzen ein, Kirchen und Türme darüber her, der königliche Palast zum Teil wird vom Meere verschlungen, die geborstene Erde scheint Flammen zu speien, denn überall meldet sich Rauch und Brand in den Ruinen.«

14

RUINEN. In der Verwirrung des großen Erdbebens schlug die Stunde des Ministers Marquês de Pombal, der mit seiner Devise »die Toten begraben, für die Lebenden sorgen, die Häfen schließen« sich sofortigem Handeln verschrieb und die Unterstadt, die so genannte Baixa, schachbrettartig wieder aufbauen ließ. Für seine Verdienste um die Rettung der Stadt wurde Pombal 1756 zum Premierminister ernannt. Trotzdem haftete Lissabon in der Wahrnehmung von außen stets der Geruch des Fatalen und Tragischen, die Neigung zum Morbiden, Ruinenhaften an. Ein Klischee, das nach Belieben verwendet wurde und zuweilen sogar als Generalschlüssel zum Verständnis der portugiesischen Seele herhalten sollte. Das Motiv der tragischen und ruinenhaften Stadt kehrt in vielen Reisebeschreibungen mit Regelmäßigkeit wieder.

Auch der Deutsche Friedrich Sieburg muss in den dreißiger Jahren des 20. Jahrhunderts beim Besuch der Igreja do Carmo, die man als Symbol für die Zerstörung durch das Erdbeben als Ruine belassen hatte, an dieses Schicksal denken: »Man soll sofort erkennen, dass diese Stadt geschlagen wurde von einer der furchtbarsten Katastrophen aller Zeiten, dass das Beste, Größte verloren ist, und dass es hier zu klagen und zu trauern gilt.« Die heute als archäologisches Museum dienende Ruine präsentiert ein Sammelsurium der Stadtgeschichte: steinerne Zeugen in Hebräisch, Lateinisch, Portugiesisch. Bruchstücke aus verschiedenen Monumenten und Kirchen sind hier fantasievoll zusammengestellt, gemischt mit Grabmälern, präkolumbischen Statuen und Faustkeilen aus der Steinzeit. Durch einen gotischen Spitzbogen lugt ein Stück Mauer eines nah an die Gedenkstätte gefügten Wohnhauses. Für den Schriftsteller Reinhold Schneider, der einen 1931 entstandenen Text mit *Lissabon, ein Fragment* betitelt, ist die ständig lauernde Bedrohung durch eine mögliche nächste Katastrophe Sinnbild für die existenzielle Unruhe Lissabons und seiner Bewohner.

ZEITENWANDEL. Erst dem Diktator Salazar wurde von deutscher Seite zu Zeiten des Nationalsozialismus wieder so viel Aufmerksamkeit geschenkt wie dem innovativen Marquês de Pombal. Die deutsch-portugiesische Verbundenheit im Faschismus reichte weit. Auch wenn Portugal zu einem Flucht- und Durchgangsort für jüdische und politische Flüchtlinge vor dem Nationalsozialismus wurde, war die Präsenz der deutschen Spione und Botschaftsangestellten nicht zu übersehen. Die portugiesische Geheimpolizei PVDE soll zum Teil von der SS ausgebildet worden sein. Diese Epoche wurde erst in den letzten Jahren als Thema der Forschung und Literatur aufgegriffen und Material aus Tagebüchern, Reiseberichten und Autobiographien dazu ausgewertet.

Nach der jahrzehntelangen Isolation und Lähmung im faschistischen Staat, dem *Estado Novo,* brach mit der Revolution des 25. April 1974 eine allgemeine europäische Begeisterung für Portugal aus, das kurzzeitig zum Gelobten Land des Kommunismus und einer besseren Menschheit wurde. Der südliche sozialistische Traum währte jedoch nur kurz, und es etablierte sich rasch ein Modell zwischen Erneuerung und Rückkehr zur alten feudalistischen Ordnung unter moderner Verkleidung.

Auch die Berichte und literarischen Texte über Portugal handelten immer weniger von guten Bauern, Arbeitern und Soldaten, sondern griffen erneut auf altbewährtes mythisches Material zurück – eine Entwicklung, die nicht zuletzt durch die Veröffentlichung der Schriften Fernando Pessoas in deutscher Sprache einen gewaltigen Schub erhielt.

PESSOA UND CO. Vor allem dieser Dichter mit seinen zahlreichen Heteronymen und seiner rätselhaft banalen Existenz ist es, der dem flüchtigen Besucher und Bewunderer Lissabons in den Sinn kommt und dessen Einfluss selbst die portugiesischen Autoren der neueren Generation nicht leugnen

16

können. Pessoa und Portugal setzt der Reisende in eins, er meint Lissabon zu kennen, wenn er Pessoa gelesen hat, meint Pessoa zu verstehen, wenn er Lissabon gesehen hat: Ein Gefühl von angehaltener Zeit, Sehnsucht nach dem Alten, ein paar Fado-Klänge und schon glaubt der Besucher empfunden zu haben, was er in dieser Stadt finden wollte. Meist aber handelt es sich bei den begeisterten Reiseberichten um Widerspiegelungen der eigenen Befindlichkeiten, die nicht wahrhaben wollen, was Lissabon noch sein kann. Und für den Tourismus machen sich solche Mystifizierungen allemal bezahlt.

Durch die engen Gässchen der Alfama und des Bairro Alto spazierend staunt der Reisende über moosbewachsene Mäuerchen und malerische Risse an den kleinen Häusern, genießt als Draufgabe die Melancholie seiner Bewohner. Doch er ist sich nicht im Klaren darüber, dass die Menschen vielleicht nicht wegen der unerträglichen Schönheit ihrer Umgebung traurig sind, wie die Autorin Lídia Jorge bemerkt, sondern aus sozialen Gründen, weil sie arm sind, zu viel arbeiten, schlecht versichert sind und von ihrer winzigen Rente kaum leben können.

Lídia Jorge, António Lobo Antunes, José Saramago, die Schriftsteller der Nach-Salazar-Zeit, arbeiten an einer Aufarbeitung der 40-jährigen Diktatur und ihrer Auswirkungen auf Portugal; sie geben zu bedenken, dass die alten Strukturen, eine Mischung aus Mythen, Kleinkariertheit, Zensur, Propaganda, Biederkeit, sozialer Gegensätze, weiterhin das portugiesische Verhalten bestimmen. Das Lissabon ihrer Romane reicht über Sozialromantik hinaus und zeichnet die Stadt als Reservoir abgründiger Reste, die von der folgenden Generation in den achtziger und neunziger Jahren, welche sich völlig auf die kapitalistische Zukunft eines nunmehr europäischen Landes konzentrieren wollte, geleugnet wurden.

ZWISCHEN MINDERWERTIGKEITSKOMPLEX UND GRÖSSENWAHN. Im Aufsatz *Wie ein großes Portugal* verweist Lídia Jorge sogar auf die Möglichkeit einer Vorbildwirkung ihres – von den Wechselfällen der Geschichte gezeichneten – Landes für Europa. Gerade in seinem Scheitern an der Begegnung mit dem Anderen sei Portugal den europäischen Ländern ähnlich. Der Umgang mit den Nachwirkungen imperialistischer Herrschaft und die Suche nach einer Identität jenseits dieses Scheiterns stellen sich als Aufgabe Portugals wie auch Europas und vor allem der europäischen Literatur dar. Es gehe jetzt um den »Dialog mit dem Anderen, die Problematik des Teilens mit dem fremden Nachbarn, nun, da es keine fernen Räume mehr gibt und die Mobilität uns plötzlich überall zu Gast und Gastgebern zugleich macht. Wie den Anderen in unserem Haus aufnehmen, wie sich verhalten, um im Haus des Anderen aufgenommen zu werden?«

Wie immer aber antizipiert Literatur die Realität, denkt voraus. Denn in der Ausrichtung der Weltausstellung 1998, im Zuge derer Lissabon großflächig umgestaltet und als »atlantische Hauptstadt Europas« beworben wurde, ließ sich erneut eine Verwertung aller portugiesischen Mythen zwischen Minderwertigkeitskomplex und Größenwahn ausmachen. Mit der Ausrichtung auf das Meer wurde in der Expo 98 der Übersee-Kolonien gedacht, welche dem schmalen Streifen am Rande Europas jene Größe verliehen hatten, über deren Verlust man immer noch nicht hinweggekommen zu sein schien. Der aus dem Nichts errichtete moderne Stadtteil Oriente mit seinen inzwischen »Park der Nationen« genannten Anlagen sollte der Welt von Portugals Erfahrung mit den Ozeanen erzählen und den für die portugiesische Identität bestimmenden Entdeckergeist einmal mehr bestätigen.

Gegenwärtig setzen sich auch in der Kunst Sängerinnen wie Mísia und Mariza, die zwar auf die Fado-Tradition zurückgreifen, mit kritischeren Texten über die von der Salazar-Diktatur angeordnete Rückwärtsgewandtheit und das Autarkiestreben hinweg, die seit jeher mit dem Fado verbunden werden. Es ist daher zu hoffen, dass diese Generation eine Entwicklung widerspiegelt, die das Neue vorantreibt, während sie das Alte noch bedenkt. Das für Lissabon typische Nebeneinander verschiedener Lebensformen, Zeit- und Entwicklungsstufen könnte so eine Wendung ins Zukünftige erfahren...

III. Aufbrüche und Rückschläge –
Die romantische Stadt

MELANCHOLIE. Bilder des romantischen Lissabon finden sich in den Texten des deutschen Dichters Reinhold Schneider, der im Sommer 1928 seine Stelle als kaufmännischer Angestellter in Dresden aufgab, nach Lissabon reiste, in Cascais den Winter verbrachte und dort ein umfangreiches Werk über *Das Leiden des Camões* zu schreiben begann. Vor allem die poetischen Reiseberichte über Portugal, das Schneider als »Landschaft seiner Seele« bezeichnete, werden heute noch gelesen. Sowohl Schwermut als auch Exzentrizität des deutschen Dichters selbst scheinen sich im Land am Ende Europas auszudrücken, wenn er Portugals innersten Wesenskern beschreibt: »Diese Seele wollte im tiefsten Grunde das Unglück, weil sie klagen wollte, denn sie war niemals zufrieden mit der Welt, die ihr keine Heimat bot.« Schon im einführenden Essay werden in ersten Impressionen die wesentlichen Bestandteile seines Bilds von Portugal heraufbeschworen: das strahlend helle Licht, die Prägung durch den Katholizismus, die Erinnerung an ein glorreiches Weltreich und dessen Verlust, die besondere geographische Lage und nicht zuletzt die *saudade,* Ausdruck der Vergeblichkeit. Bemerkenswert ist Schneiders einfühlsame Analyse des Unterschieds zwischen der spanischen und der portugiesischen Sprache – der klaren Aussprache und Markantheit des Spanischen stellt der Autor eine elegante Interpretation des portugiesischen Verschluckens und Nuschelns gegenüber: »Im Portugiesischen ist alles Vermählung, Verfließen, Aufhebung der Grenzen zwischen den Worten, der Scheidung zwischen den Vokalen, zugunsten eines unendlichen Gesangs.« Dem Ritual selbstvergessener Gespräche über Politik in den Cafés von Lissabon verleiht Schneiders liebevolle Beschreibung weltgeschichtliche Dimension, so als müsste in diesen nicht enden wollenden Diskussionen immer wieder erneut über Portugals Schicksal entschieden werden. In Lissabon sind alle Höhenflüge und Zusammenbrüche der Geschichte konzentriert, meint Schneider, es ist Ausgangs- und Endpunkt dessen, was der Mensch wagen und verlieren kann. Dieses Nebeneinander von Aufbauen und Zerstören bietet der Imagination einen machtvollen Raum, denn nur die Dichtung könne diese Gebrochenheit wieder zu einem sinnvollen Ganzen formen.

RASSE. Dass Schneiders Wahrnehmung von der Ideologie seiner Zeit geprägt war, wird vor allem an einem Text deutlich, in dem er über Vertreter fremder Rassen in Lissabon philosophiert, die angeblich in dieser Stadt weniger auffallen. Immerhin sei die geographische Entfernung zum afrikanischen Kontinent von hier aus verschwindend gering. Der Autor will damit einerseits die Anwesenheit von Angehörigen der portugiesischen Kolonien würdigen und als selbstverständlich vorstellen, andererseits werden körperliche Merkmale von Mischlingskindern als »sonderbar animalisch, wie die Pfoten einer Katze« beschrieben. Er steht damit durchaus im Kanon der europäischen Faszination durch »Neger«, die nach Schneiders Meinung in Lissabon aufgrund ihrer Herkunft aus den Kolonien eine Existenzberechtigung hätten. Sie sind ihm gleichzeitig »Fremde« wie Verwandte der Einheimischen, was besonders im Mythos der *mestizagem* zum Ausdruck kommt, nach dem die Portugiesen sich rühmen, den Mischling erfunden zu haben. Diese Praxis war aber vor allem bevölkerungspolitisch begründet: Portugal konnte nicht genügend portugiesische Siedler aufbringen, um die neu eroberten Gebiete zu befestigen. Also wurden die Männer angewiesen, eingeborene Frauen zu schwängern, um die Bevölkerung nach und nach zu portugiesisieren. Schneider erwähnt dies in einer Geschichte der fruchtbaren Beziehungen zwischen Portugal und Afrika etwas verschämt als Bewegung des Gutsbesitzers zwischen verschiedenen Häusern: »Seinem Wohnhaus in Loanda gegenüber befand sich das Haus, in dem die auf seiner Farm beschäftigten Negerfrauen untergebracht waren, und seine Frau sah ihn von ihrem Fenster aus dieses Haus wenigstens ebenso oft betreten wie sein eigenes.« Und natürlich ließ sich angeblich sogar der Dichter Camões seine letzten Tage durch eine nach Lissabon gebrachte Mulattin versüßen, berichtet Schneider.

BELÉM. Besonders beim Besuch des Hieronymus-Klosters in Belém, das wie die überdimensionierten Prachtbauten von Batalha und Mafra nur mithilfe der Bodenschätze und Abgaben aus den Kolonien erbaut werden konnte, wird Schneider zufolge die Geschichte Portugals lebendig. Denn sogar die Kühnheit der Entdecker gründete sich vor allem auf Träume und den kindlichen Glauben an Mythen und Legenden. Das am Ausgangspunkt der Seefahrer errichtete Hieronymus-Kloster wird von Schneider in poetischen Vergleichen als Ineinanderwirken von Kirche und Meer verstanden. Die Wirklichkeit des portugiesischen Meeres allerdings hat mit der mitteleuropäischen und mediterranen Vorstellung eines überdimensionierten Binnenwassers wenig zu tun. Schneider verweist auf den Ausdruck *o mar tenebroso*, »das höllische, dunkel drohende Meer«, das Gefahr birgt und das Leben der Menschen, die es in Schiffen befahren, tief greifend verändert. Schließlich trug obendrein die dem Erdbeben von 1755 folgende Flutwelle wesentlich zur Zerstörung Lissabons bei. In der Unvollendetheit des Klosters spiegeln sich die Auswirkungen der Geschichte und Stile, ein Kampf zwischen Gotik

Das Hieronymus-Kloster in Belém

und Renaissance, wider. In den reichen Ornamenten sind Reflexe des kolonialen Weltreichs auszumachen: »Gotisches Getier, die Kränze und Reliefe der Renaissance, maurische Verschlingung, indische Pflanzen werden umwunden von den Zeichen der Seefahrt und des Meeres, die diese Wunder erweckten: von Seilen, Algen und Korallen.« Benannt wurde der üppige Baustil der Spätgotik nach König Manuel I., in dessen Regie-

23

rungszeit (1495–1521) Lissabon zum Zentrum des Handels zwischen Europa und der neu entdeckten Welt wurde. Die kunsthistorische Einzigartigkeit der Manuelinik symbolisiert nach Reinhold Schneider die Besonderheit des portugiesischen Weges schlechthin. Durch den Handel mit Afrika, Indien und Brasilien wurde Lissabon zum wichtigen Umschlagplatz für Gold, Elfenbein und Sklaven aus Afrika, aus Indien kamen Gewürze, tropische Hölzer aus Brasilien. König Manuel I. gab den Auftrag zum Bau des Klosters allerdings schon, bevor Vasco da Gama nach Indien aufgebrochen war, und nicht, wie die Legende es will, zu Ehren seiner Entdeckung des Seewegs nach Asien. Finanziert wurde dieser Inbegriff einer erfolgreichen Allianz von Religion und Staat mit 5 % der Einnahmen aus dem Pfefferhandel.

TRAUM. Nicht materialistisches Streben, sondern der Wunsch, ein christliches Weltreich zu schaffen, führte zur Ausbildung des portugiesischen Imperiums. Entscheidend war die Übermacht eines Traumes, der wahrer wurde als die Wirklichkeit. Daher bleibt nach dem Zusammenbruch nichts als der Traum, der zur typisch portugiesischen Lebenshaltung wird, wie Schneider in seinen Betrachtungen zur Lotterie ausführt. Die Illusion täuscht und tröstet über die tatsächliche Armut hinweg. In den Versprechungen des Glücksspiels blitze erneut das Versprechen der Entdeckungen auf: »Ein Volk, das in diesem Maße spielt, lebt sehr fern von der undefinierbaren Härte, die wir Wirklichkeit nennen, aber es lebt geschützt von den immer bereiten Legionen und Wundern seines Traums.« Und natürlich war und ist es diese Einschätzung, welche den westlichen Reisenden an Lissabon und Portugal entzückt, da es ihm sein Anderes vorhält. Eng verschlungen mit dem träumerischen Gemüt wird auch von Schneider die berühmte portugiesische Grundstimmung der *saudade* vorgestellt. Da sie aber nicht in andere Sprachen und Stimmungslagen zu übersetzen ist, werden immer wieder weitschweifige Erklärungen dafür bemüht. Schneider zitiert einen ungenannten portugiesischen Schriftsteller und denkt dessen Definition als »Sehnsucht nach allen liebenswerten Dingen« fort: »Da aber alle liebenswerten Dinge niemals zu besitzen sind, so ist *saudade* der sanfteste Ausdruck für die totale Unzufriedenheit mit der Welt.« Und es ist die daraus resultierende Trauer und Traurigkeit, mit der Schneider aufs heftigste sympathisiert, da sie den Menschen einerseits von der Masse der Zufriedenen abhebt, ihn den Wissenden zuordnet und andererseits in ihrer Unbestimmtheit und Unbedingtheit den Nährboden für Fantasien, Imagination und Poesie bereitet. Das Bekenntnis zur Melancholie macht Portugal einzigartig. So versteht Schneider auch die Dichtung von Camões als andauerndes Ringen mit der Traurigkeit über den Verlust der Größe Portugals. Einzig in den *Lusiaden* habe Camões es vermocht, das Land in seiner Zerrissenheit zu einem Ganzen zu fügen.

CAMÕES. Auf jeden Fall setzt die Lektüre der *Lusiaden* die Kenntnis portugiesischer Geschichte voraus, um sie ganz verstehen zu können. Das Versepos schildert den Aufstieg Portugals zur Großmacht und seinen Niedergang innerhalb von etwas mehr als hundert Jahren. Als der Dichter daran zu schreiben beginnt, sind die Verfallserscheinungen des Weltreichs schon spürbar und seine Huldigungen daher von Kritik, vor allem an den Kolonialkriegen, durchsetzt. Die Kämpfe in der Fremde werden als Kampf um die Verbreitung des wahren Glaubens gegen von Arabern beherrschte Regionen gerechtfertigt. Die territoriale und kommerzielle Expansion Portugals tritt für Camões dabei in den Hintergrund.
Die Verweise auf Geschichte, Kultur, Geographie und Mythologie Portugals sind der Grund, dass Camões außerhalb der

lusitanischen Welt im Gegensatz zu Cervantes kaum bekannt ist. Und so wird auch an der neuesten Übersetzung des Werkes ins Deutsche von einem Rezensenten kritisiert, dass der Anmerkungsteil allzu ausführlich und die Ausdrucksweise des Dichters umständlich sei. Er könne nicht einmal das Wort Sonne einfach setzen, sondern müsse es in vielfachen Anspielungen umschreiben. Der Kommentar weist aber darauf hin, dass in Camões' Versen die »Verbindung von Antike und gerade erst entdeckter Neuer Welt« einzigartig seien.

Das Leben des Dichters lässt sich mit seinen Konflikten, den langjährigen Aufenthalten in der Fremde und den wundersamen Legenden, die sich um ihn ranken, als interessantes Zeitzeugnis der Geschichte Portugals lesen. Aufgewachsen in Coimbra war Luís Vaz de Camões 1542 nach Lissabon gekommen, hatte die Stelle eines Hofmeisters in einem adeligen Haushalt angenommen. Wegen eines Fehltritts – er verliebte sich in eine Hofdame – wurde er 1549 aus der Stadt verbannt. Bei Kämpfen um die Eroberung Nordafrikas vor Ceuta verlor er ein Auge, kehrte nach Lissabon zurück, verbrachte ab 1552 ein Jahr im Gefängnis und wurde unter der Auflage begnadigt, als Soldat in die Kolonien zu gehen. Camões sollte insgesamt 17 Jahre in den Übersee-Gebieten verbringen, die Zustände in Indien, Afrika und den Inseln aus eigener Anschauung und von unten her kennen lernen. Erst nach einigen Jahren gelang ihm der Aufstieg vom einfachen Soldaten zum Beamten. Doch wieder gab es Probleme, er wurde abberufen und sollte sich in Goa, dem indischen Verwaltungszentrum, verantworten. Auf dem Weg dorthin erlitt er Schiffbruch. Das Manuskript der *Lusiaden*, das er in Lissabon begonnen und in der Fremde weitergeschrieben hatte, rettete er angeblich, indem er es mit einer Hand hochhielt, um es vor dem Wasser zu schützen, während er mit der anderen gegen die Wellen kämpfte. Erst als er wieder in Lissabon war, sollte das Werk endlich gedruckt werden. Gewidmet ist es dem legendären König Sebastian, der den endgültigen Untergang Portugals mit einem aussichtslosen Kreuzzug nach Nordafrika besiegeln sollte. Camões, dem heute Straßen, Plätze, ganze Klassiker-Editionen, Literaturpreise, Kulturinstitute und so ziemlich alles gewidmet ist, was einem Nationaldichter gebührt, verbrachte die letzten Jahre seines Lebens am Rande der Gesellschaft. Am 10. Juni 1580 starb er verarmt, wahrscheinlich an der Pest. Ein Geistlicher, der ihn auf seinem letzten Weg begleitete, berichtete: »Er hatte kein Leichentuch, um sich zu bedecken, und hatte doch in Ostindien siegreich gekämpft und war 5500 Meilen weit auf See gewesen.« Es sollte 300 Jahre dauern, bis seine Gebeine in den Olymp im Hieronymus-Kloster aufgenommen wurden. Die Kunde vom Verschwinden des sagenumwobenen Königs Sebastian 1578 in der Schlacht von Alcacer Quibir hat Camões wohl noch zu Lebzeiten erfahren. Kurz nach 1580 sollte es dann, mangels eines portugiesischen Thronfolgers, mit dem Großreich zu Ende sein. Der Spanier Philipp II. übernahm den Thron. Nun waren alle Portugiesen Heimatlose in ihrem eigenen Land.

LUSIADEN. Im großen Versepos *Die Lusiaden* wird die Entstehung und Entwicklung der portugiesischen Nation im Zeichen eines von Gott gewollten Kreuzzugs verherrlicht. Held dieses Geschehens ist die Gesamtheit des auserwählten Volks der Portugiesen, das mit dem Streben nach Expansion nichts anderes als seine Bestimmung erfülle. Die Heldentaten der geschilderten Entdeckungsfahrten sind nicht erfunden, sondern beruhen auf wahren Tatsachen der Geschichte. Das Überschreiten der geographischen Grenzen symbolisiert den ständigen menschlichen Drang nach Erkenntnis, nach einem erweiterten Wissen um die Welt. Die Beschreibung von überseeischen Landschaften, ihrer Fauna und exotischen Bevölkerung gelingt dem Autor, der sich lange Zeit in der Fremde aufgehalten hatte, dabei besonders gut. Die Angst vor dem imaginären Ende der Welt am Kap der Guten Hoffnung, das vom Portugiesen Vasco da Gama erstmals erreicht wurde, wird von Camões in der Schrecken erregenden Figur des Adamastor symbolisiert. In Anlehnung an Skylla und Charybdis in der *Odyssee* bewacht dieses Monster den unheilvollen Übergang und droht den Entdeckern mit Bestrafung, falls sie das Verbot nicht beachten: »Alljährlich, wenn die Schiffe seewärts stechen – / So wahr mein Geist die Zukunft kann verstehn – / Trifft Schiffbruch euch und viele Meeresnot, / Und das geringste Übel sei der Tod!«, heißt es in den *Lusiaden.* Als die unerschrockenen Seefahrer sich aber nicht davon abhalten lassen, den angstbesetzten Punkt anzusteuern, befürchtet selbst Bacchus in seiner Rede vor den Meeresgottheiten, dass diese mutigen Portugiesen einmal mächtiger als die Götter werden könnten. Der Dichter setzt hier in seinem Überschwang die furchtlosen Menschen fast mit den Unsterblichen gleich. Eine kritische Stimme erscheint aber mit der Figur eines alten Mannes, der nach dem Auslaufen der Schiffe in Lissabon zurückbleibt. Er prophezeit bereits den Untergang der Nation durch Gier, Korruption, Machtmissbrauch. Die Erweiterung des portugiesischen Territoriums habe zum Verfall der Sitten beigetragen, das Wissen um die andere Welt hätte die Substanz des Mutterlandes angegriffen. Der Alte verflucht schließlich die so gerühmte portugiesische Kunst des Schiffsbaus, denn mit der Seefahrt hätte alles Übel begonnen.

TRAUER. Das Trauma über das Ende des Goldenen Zeitalters scheint jahrhundertelang fortzubestehen. Der schlecht vorbereitete Kreuzzug von Dom Sebastião (König Sebastian) und sein mysteriöses Verschwinden hatten zur Herausbildung eines Mythos geführt – der König sollte eines Tages zurück-

*Der legendäre König
Dom Sebastião
(1557–1578)*

kehren, um seine Niederlage zu rächen. Dieser Glaube, genannt *sebastianismo*, dem noch Fernando Pessoa in seinem berühmten Gedicht *Mensagem (Botschaft)* anhing, verschrieb sich mit allen Kräften einer Wiederherstellung jener vergangenen Größe und bezeichnete vor allem während der spanischen Herrschaft von 1580–1640 den geistigen Widerstand gegen die Besatzer. König Sebastian, dem Toten ohne Leichnam, ist im Hieronymus-Kloster auch ein Grabmal gewidmet. Der Sarkophag wurde aus politischen Gründen von den Spaniern aufgestellt, berichtet Reinhold Schneider. Um für die misstrauischen Portugiesen ein Zeichen zu setzen, machte man sich sogar die Mühe, die Knochen eines Schweizer Soldaten anstelle der sterblichen Überreste von König Sebastian zu begraben. Die Trauer um den Verlust des Großreichs liefert selbst heute noch Stoff für die *saudade,* wie der Autor Miguel Castro Henriques in einem Radiointerview ausführt: »Wir fühlten uns wie Götter und dann haben wir praktisch auf einen Schlag alles verloren. In gewisser Weise hat uns die Indienerfahrung zerstört. Wir denken, dass wir die Reichtümer von damals noch immer besitzen, und ein wenig stimmt das ja auch, aber wir haben es nicht geschafft, Indiens Geist und Bewusstsein zu verinnerlichen. Darum stehen wir seither irgendwie dazwischen, weder in Europa noch in Indien.«

SAUDADE. Es scheint, dass es nötig ist, einige Jahre im Ausland zu verbringen, um den Mythos der portugiesischen Melancholie mithilfe eines »von außen auf sich selbst gerichteten Blicks« zu begreifen. Der im französischen Vence lebende Literaturwissenschaftler und Essayist Eduardo Lourenço hat sich in seinem in Portugal viel gerühmten Buch *Mythologie der Saudade* mit der Entstehungsgeschichte und den Auswirkungen jener angeblich so typischen Nationalstimmung auseinander gesetzt.

Lourenço sieht vor allem einen Zusammenhang zwischen dieser Einstellung zur portugiesischen Migration und einem wirklichkeitsfremden Identitätskonzept. Seit den ersten Expeditionen schon stand Portugal in einem Widerspruch von Weltoffenheit und Geschlossenheit innerhalb Europas, welchem es mit Blick auf den Ozean sozusagen den Rücken zuwandte. Die Portugiesen hätten über die Jahrhunderte ihr Land in Richtung Brasilien, Afrika, den Orient, Kanada, USA, Frankreich, Schweiz oder Deutschland ohne eine Hoffnung auf Rückkehr verlassen. Der Gedanke an das zurückgelassene Land hätte sich mit Sehnsucht aufgeladen, um der Vergangenheit und der Abkehr von der Heimat einen Sinn zu geben. Eingesetzt hatte diese Strategie schon mit den ersten Reisenden, den Missionaren und ihren Chronisten. Da sie so weit und oft so lange von ihrem Heimatort entfernt waren, wurde das den fremden Kulturen vermittelte Bild Portugals und seiner Kultur bald selbst zu einem »anderen« entfremdet: »Über Portugal wussten Inder, Malaien, Chinesen und Japaner nur das, was die Kaufleute, Soldaten, Abenteurer und Missionare von einem unbekannten und unerreichbaren Land erzählten oder ahnen ließen«, schreibt Lourenço. Dieser Zwiespalt zwischen Wirklichkeit und

Traum sollte das portugiesische Selbstverständnis für Jahrhunderte prägen. Lourenço stellt sogar die gewagte These auf, dass sich die Portugiesen »mehr wie Don Quijote verhielten als Don Quijote selbst«, da sie die Wirklichkeit nicht einmal mehr wahrnehmen könnten.

In Camões' *Lusiaden* findet Lourenço bereits alle wichtigen portugiesischen Mythen angesprochen: den Mythos der absoluten Leidenschaft – in der Geschichte von Inês de Castro, der Geliebten König Pedros I., einer Leidenschaft, die über den Tod hinausreichte; den Mythos des absoluten Heimwehs sowie den Mythos des Weltreichs, der sich im Wunsch nach einer Wiederkehr des verschwundenen Königs Sebastian versinnbildlicht. Die bis heute andauernde portugiesische Faszination von Camões' Werk diente einer Aufrechterhaltung dieses Messianismus, weil die *Lusiaden* Portugal in den Mittelpunkt der Weltgeschichte stellen. Lourenço sieht das Buch sogar als »Antikoran«, weil der wesentliche Konflikt Portugals in der Auseinandersetzung des Christentums mit dem Islam bestand. Bedingt war dies nicht zuletzt durch die geographische Lage Portugals am äußersten Ende Europas, an der Grenze zum arabischen Reich. Die Erinnerung an das Großreich Portugal lebte seit dem Scheitern König Sebastians, verknüpft mit der Trauer um den Verlust, im kollektiven Gedächtnis Portugals fort. Seither widmete man sich dem Gefühl der *saudade* als Ersatz für die verlorene nationale Größe: »Die Portugiesen sind derart innig vom Gefühl der *saudade* beseelt, dass sie darauf verzichtet haben, sie genau zu beschreiben. Ganz im Gegenteil sehen sie in der *saudade* das, was ihr Geheimnis ausmacht, die Grundlage ihres Existenzgefühls; so ist ein ›Mythos‹ aus ihr geworden.«

Dieser Mythos wird erneut wichtig im Zusammenhang mit der portugiesischen Migration bzw. in den Versuchen Portugals, seine Identität innerhalb der Europäischen Union zu bestimmen. Der Essayist Eduardo Lourenço wird uns mit seinen Ausführungen dazu weiterhin begleiten.

PROJEKTIONEN. Heutzutage sind es oft die Reisenden, die sich auf den Spuren Reinhold Schneiders den wohligen Schauern der Melancholie aussetzen wollen, beziehungsweise im Fremdenverkehr tätige Portugiesen. Sie wissen, was die Besucher von ihnen möchten, und warten daher mit ebendiesen Vorstellungen auf. Lissabon als Hafen von *saudade*, Fado und Rückwärtsgewandtheit darzustellen mag für Touristen reizvoll erscheinen, reduziert die Stadt aber um wesentliche Elemente.

Daher versucht der einheimische Autor José Cardoso Pires in seinem *Lissabonner Logbuch* die Erwartungen der Gäste, ihr oberflächliches Bild der Stadt, mit tiefer gehenden Reflexionen zu konfrontieren. Einer der Gründe, warum es für die Fremden so schwierig sei, Lissabon zu ergründen, so Cardoso Pires, sei, dass sie meist die Sprache nicht beherrschen und ihren Blick daher ohne Sprachspur über die Erscheinungen streifen lassen: »Da sind die Gelehrten auf der Durchreise, die die Kreuzwegstationen der Kulturdenkmäler abhaken, um sich ein reines Kulturgewissen zu verschaffen, haufenweise habe ich sie gesehen; oder jene Pilger, die aus Liebe zu den Stadtplanlabyrinthen Tarantella tanzend die Alfama hinunter- und die Mouraria hinaufhüpfen; oder die Museumsreisenden, für die diese Welt immer schön ordentlich mit einem Datum versehen sein muss.« Ohne die Gerüche Lissabons und ohne die Stimmen, den Tonfall, die Bildhaftigkeit der portugiesischen Sprache könne es sogar berühmten Schriftstellern wie Antoine de Saint-Exupéry oder John Dos Passos nie gelingen, einen Eindruck der Stadt zu vermitteln. Mit einem Wort, nur ein Portugiese oder ein des Portugiesischen Mächtiger sei berechtigt, sich den Fragen zu widmen, die die Stadt an den Betrachter stellt. So erwähnt der italienische Autor und Lissabonkenner António Tabucchi in einem Nachwort die Vielzahl der portugiesischen Anredeformen und ihrer zärtlichen Diminutive, die allein schon die komplizierten, hierarchisch organisierten, zwischenmenschlichen Verhältnisse verdeutlichen. Man müsse *in* der portugiesischen Sprache leben, um sich Lissabon gebührend zuwenden und die Stadt beschreiben zu können. Dem Touristen bleibt also nichts weiter übrig, als sich das »Stadtschiff« gemäß dem Autor lesend zu erschließen. Denn nur dieser kundige Führer kann einen Dialog mit der literarischen Erinnerung des Ortes und mit den in der Literatur eingelagerten portugiesischen Mythen eröffnen.

LOGBUCH. Das *Lissabonner Logbuch*, in dem José Cardoso Pires den Protagonisten, den Erzähler und den Autor in einem gibt, geleitet den Leser auf Spuren des großen portugiesischen Schriftstellers Eça de Queirós vorerst nach Arroios, dem Stadtteil, in dem der Verfasser geboren wurde, dann zu den literarischen Cafés um den zentralen Platz in der Altstadt, dem Rossio. Der Autor widmet sich ausführlich dem Raben, dem in zahlreichen Straßennamen Reverenz erwiesen wird, und folgt den Wegen des Dichters Fernando Pessoa und seiner Heteronyme. Die Präsenz Pessoas, Nationaldichter und Ikone, empfindet er jedoch als übermächtig: »Pessoa. Der Pessoa, immer der Pessoa, der Pessoa, unser Schicksal.«
Er macht sich über die vor dem Café *A Brasileira* aufgestellte Bronzestatue des Dichters lustig, da es die einzige auf einem Stuhl sitzende Skulptur sei, und gedenkt auch einer über den Chiado flanierenden Figur aus einem Roman von Eça de Queirós. Die Gestalten von Queirós stiegen gerne im Hotel Universal ab, tranken Kaffee in der Konditorei Ferrari, sie besuchten die Oper im Theater São Carlos, nahmen Soupers im Tavares Rico ein, dem ältesten Restaurant der Stadt in der Rua

*Fernando Pessoa (1888–1935), Nationaldichter und Ikone, prägt
das Straßenbild Lissabons*

Misericórdia. Die intellektuelle Elite des 19. Jahrhunderts plau-
derte im Grémio Literário, kaufte Bücher und ausländische
Zeitschriften in der Buchhandlung Bertrand. Das in Romanen
und Erzählungen dargestellte Lissabon überlagert die realen
Orte. Cardoso Pires pirscht durch die Parks, trifft in den Anlagen von São Pedro de Alcântara die untreue Luisa aus dem
Queirós-Roman *Vetter Basilio*, mischt sich in vertrautem Gespräch unter die Dichter verschiedener Epochen und beobachtet – genauso wie der zum Nobelpreisträger geadelte José Saramago – am Alto de Santa Catarina die Karten spielenden alten

Leute. Wegen ihrer beredten Darstellung des Lissabonner Jargons lobt Pires besonders die portugiesischen Autoren, Alexandre O'Neill und António Lobo Antunes: »Ich lese sie und höre bei jedem Satz die Stadt in diesem Tonfall, der sie einzigartig macht.«

An der Flaniermeile des Chiado hält sich der Autor besonders lange auf und erinnert an Örtlichkeiten, die von der Zeit längst verändert wurden, denkt an das Erdbeben, das schon einmal die Stadt zerstörte, sowie an den Brand des Kaufhauses Grandella, der der Umgebung des Chiados Ende der Achtzigerjahre eine Transformation aufzwang. Der einst im Widerstand gegen die Diktatur Salazars aktive Autor weist auch auf die Geschehnisse der Revolution vom April 1974 hin, die sich in Lissabon um den Largo do Carmo konzentrierten. Die kulturelle Geographie der Umgebung des Platzes wird für ihn zu einem Symbol: »Chiado, der Friede nach dem Tumult. Wie schön, dass es einen Ort gibt wie diesen, dem trotz Erdbeben und Flammen das glückliche Los zuteil wurde, Schauplatz jener Stunde zu sein, die ein Land befreite.«

KLISCHEES. Kritik übt José Cardoso Pires an den Klischees, die von fremden Besuchern an die Stadt herangetragen werden. Besonders Alain Tanners Film *Die weiße Stadt* ist ihm ein Dorn im Auge. Dem Portugiesen fallen nämlich schon beim ersten Blick auf Lissabon vor allem seine Farben auf: das sich ständig verändernde Blau des Tejo, das Rot der Dächer, der Anstrich der Häuser, der zwischen Ocker, Weiß, Rosa, etwas Grün und Grau changiert. Im mediterranen, von Tanner imaginierten Weiß ahnt der Schriftsteller nichts als eine falsche Aneignung Lissabons zum Zwecke der Erfüllung mitteleuropäischer Erwartungen. So ist es nicht verwunderlich, dass die rückwärts gehende Uhr in der *British Bar* am Cais do Sodré zum Streitfall wird: »Höchstwahrscheinlich hat er die Uhr in

der British Bar als eine Metapher für den lusitanischen Saudo-
sismus angesehen, die Kulturfranzen bringen das glatt fertig,
und die kulturell ambitionierten Portugas sind ihnen dafür
auch noch dankbar. Zeit, die zurückzählt, Nostalgien, Exotis-
men, diese Effekte verfehlen nie ihr Ziel.« In Tanners Film ist
die Uhr aber eher Mittel zur Charakterisierung der Hauptfigur
und vielleicht sogar eine Anspielung auf die Schweizer Nationalität des von Bruno Ganz gespielten Matrosen Paul.

Sogar der holländische Autor Cees Noteboom erwähnt sie in
Die folgende Geschichte: »Die verkehrte Uhr hängt immer noch
da. Seit ich sie in Dr. Strabos Reiseführer aufgenommen habe,
kommt halb Holland, um sie sich anzuschauen.« Noteboom
findet in seinen Streifzügen durch Lissabon, dass die Stadt ein
»Abschied« sei: »Diese Stadt gehört nicht zum Heute, es ist hier
früher, weil es später ist.« So sei es jedem Besucher unbenom-
men, über seine Version dieser Uhr bei ein paar Drinks oder
einem Kaffee zu spekulieren. Die *British Bar* war wegen ihrer
Nähe zum Hafen immer schon Sammelpunkt von Matrosen
und Reisenden aus verschiedenen Ländern, daher Schauplatz
von Heimweh, wo der Schmerz des Sich-fremd-Fühlens in
einem Rausch vergessen werden konnte.

Ob es also für die Stimmung und Bedeutung des Interieurs
der *British Bar* nur eine einzige passende Erklärung gibt, mag
dahingestellt bleiben. Denn auch Cardoso Pires folgt seinem
ganz persönlichen Plan, wenn er durch die Bars von Lissabon
flaniert. Er bevorzugt die Lokale am Cais do Sodré, den am
Tejoufer gelegenen Kais, da ihm dort am Hafen die Metapher
»Barbesuche sind Seereisen« schlüssiger erscheint. Im Trinken
und Navigieren trifft er Schriftsteller, erwähnt kurz die Schönheiten des weniger bekannten, neben der Alfama gelegenen
Stadtteils Graça und huldigt schließlich den Steinsetzern Lissabons. Ihre kunstvollen Mosaike aus weißen und schwarzen
Steinen, die per Hand zurechtgeklopft und in mühevoller Ar-

beit zu Ornamenten, Bildern und Schriften zusammengesetzt werden, bilden sozusagen den Subtext der Stadt. José Cardoso Pires nennt die Handwerker »Juweliere der Bürgersteige«, und tatsächlich lohnt es sich, Lissabon einmal nur mit auf den Boden gerichteten Augen zu begehen, um die Vielfalt und den Reichtum dieser steinernen Kunstwerke zu entdecken.

KACHELN. Die viereckige Form der Marmorblöcke findet sich wieder in einem anderen architektonischem Detail Lissabons: den Kacheln, portugiesisch *azulejos,* mit denen Häuserwände, U-Bahnhöfe, Autobahnbrücken, Kirchen, Klöster und Paläste gleichermaßen geschmückt werden. Wahrscheinlich zur Zeit der maurischen Herrschaft in Südspanien ins Land gekommen – wie der aus dem Arabischen stammende Name *al zulaique,* polierter Stein, andeutet –, fand diese Dekorationselement rasch Verbreitung. Ab dem 17. Jahrhundert entwickelte sich ein eigener portugiesischer Stil mit naturalistischen und exotischen Motiven, während die ursprünglich arabischen, geometrischen Muster z. B. heute noch in Andalusien gebräuchlich sind. Unter flämischem Einfluss entstand in Portugal die Vorliebe für blau-weiße Kacheln. Einen erneuten Aufschwung erhielt die Azulejo-Kunst zur Zeit des Jugendstils, wo Geschäftsleute und Handwerker gleichermaßen die Fassaden ihrer Lokale mit den Zeichen ihrer Zunft schmücken ließen. Und sogar die moderne bis postmoderne portugiesische Architektur scheint auf die Tradition der Kacheln nicht verzichten zu können, wie die Bauten zur Expo 98 zeigen.
Cardoso Pires findet die Ornamente und Motive der Gehsteige an den Häuserwänden wieder und verweist besonders auf die Vielzahl von Vögeln, Blüten, Schmetterlingen, auf Wellen, Schiffe, Navigationsmotive und Heilige, die einen Bogen zwischen dem alten und dem neuen Lissabon schließen: »Pfauen kann ich ebenso im Hof des Ajuda-Palastes sehen (von

Palácio Fronteira, kunstvolle Kachel aus dem 17. Jhdt.

einem delirierenden Steinsetzer erfunden, möchte ich schwören) wie auf einem Wandbild von Júlio Pomar neben dem See im Campo-Grande-Park. Ein weiterer, einer mit sonnenförmig ausgebreitetem Schwanz, krönt eine Fassade in der Avenida Praia da Vitória, und es gibt sogar einen aufgeblähten Underground-Pfau, einen Blumen-Pfau oder Sternen-Vogel (wie auch immer) auf einem Pflastermosaikbild in der Metro-Station Sete Rios.«

MOTIVE. Die Anspielungen aus der Vergangenheit spiegeln sich in zeitgenössischen Darstellungen wider, ein Eindruck, der nicht Monotonie vermittelt, sondern Vielfalt, wie José Cardoso Pires meint, der darin einen Beweis für die Existenz mehrerer Lissabons sieht. Es lohnt sich tatsächlich, aus dem *Lissabonner Logbuch* des Autors einen Stadtplan der von ihm beschriebenen Standorte mit Kacheln und Straßenornamenten zu erstellen und eine Durchquerung Lissabons unter seiner Führung vorzunehmen. Denn es ist diese Handwerkskunst, jene über die Jahrhunderte entstandenen Ornamente, welche vielleicht tatsächlich die Besonderheit dieser Stadt ausmachen. Es sind weniger Aufsehen erregende Sehenswürdigkeiten als kleine alltägliche Dinge, die Lissabon anziehend machen. Dazu gehört eine aufmerksame Betrachtung der Azulejos in den Metro-Stationen, die der Autor »Literatur unter der Erde« nennt und als kulturelle Ausformungen der reichen portugiesischen Geschichte versteht: »Die Geometrie der Bürgersteige setzt sich als Geometrie der Mosaiken in den Gängen der Untergrundbahn fort, die unterirdische Version des Marquês de Pombal begleitet die Statue oben auf dem Rondell, der städtische Zoo findet im imaginären Zoo von Júlio Resende seine Entsprechung, die dekorativen Steinmosaiken verlassen die Straßen und erneuern sich zum Beispiel in den Stationen Sete Rios oder Campo Grande.«

Letztlich geht es dem portugiesischen Autor um eine Verteidigung seiner Stadt gegenüber den meist einseitigen Eindrücken der Fremden. Er will Lissabons Vielgestaltigkeit zeigen und begreifbar machen. Wer im *Logbuch* die weiße Stadt sucht, in der man so schön traurig sein kann, wird sicher enttäuscht. Wer sich aber vom Autor an der Hand nehmen lässt und bereit ist, seinen verschlungenen Wegen durch die Stadt und ihre Geschichte zu folgen, wird viel mehr entdecken, als er zu hoffen wagte.

HALLUZINATIONEN. Um jegliche Vergleiche mit der Wirklichkeit abzuweisen, untertitelt der Italiener António Tabucchi sein *Lissabonner Requiem* vorsorglich *Eine Halluzination*. Bei seinem Lissabon geht es eher um Erlebnisse mit den Menschen und deren Geschichten, durch die Tabucchi das Temperament der Stadt und seine eigene Befindlichkeit erkunden will. Die als Gespräche ausgegebenen Begegnungen stellen sich so bald als Erfindungen des Autors heraus. Ein Taxifahrer bringt ihn auf Irrwegen zum Friedhof Prazeres; mit einem Verstorbenen geht der Ich-Erzähler essen und findet vor allem in der Beschreibung der Speisen und ihrer Zubereitungsart in die Wirklichkeit zurück. Besonders das mit Schweineblut gekochte Gericht namens *sarrabulho* hat es ihm angetan: »Auf den ersten Blick sah er widerwärtig aus. In der Mitte des Tellers schwammen die Kartoffeln in gelblichem Fett, und rundherum lagen das geschnetzelte Schweinefleisch und der Kuttelfleck. Das Ganze war vollgesogen mit einer dunkelbraunen Sauce.«
Und tatsächlich lässt sich anhand der gastronomischen Eigenheiten Portugals ein Einblick in seine Geschichte gewinnen. Zum Beispiel verweisen die mit Unmengen von Eiern zubereiteten Süßspeisen auf die Notwendigkeit in den Klöstern, mit den von Gläubigen als Geschenk dargebotenen Eiern und dem wertvollen Zucker möglichst üppige Desserts zu verfertigen.

Denn nur sie erhielten die seltenen Nahrungsmittel und Gewürze wie Zimt, Vanille, Kokosnüsse aus den Kolonien. Alles zum Lobe Gottes natürlich, wie die Namen einiger Kuchen und Puddings – *Himmelsspeck, Nonnenbauch* etc. – deutlich machen. Bei Tabucchi wird *Papos de anjos de Mirandela,* das aus Eiern und Mandeln zubereitete *Doppelkinn der Engel,* als Nachspeise gereicht.

SPEISEN UND GETRÄNKE. In Cascais bestellt der Ich-Erzähler *Arroz de Tamboril,* ein Reisgericht mit Seeteufel, Tomaten, Knoblauch und Koriander. In der Casa do Alentejo, wo er Billard spielt, fühlt er sich später daher zu satt, um *ensopado de borreguinho a moda de Borba* zu essen. Diese Spezialität aus dem Alentejo, eine Art Eintopf aus Lamm, Lamminnereien mit Essig aromatisiert, wird üblicherweise auf dem für das Alentejo unvermeidlichen Brot serviert, so wie auch die *poejada* mit Brot und frischem Käse, Knoblauch, Zwiebeln zubereitet wird. Die in der Rua das Portas de Santo Antão, in der Nähe des Rossio-Platzes gelegene Casa do Alentejo, ein alter Adelspalast, in dem alle Stilrichtungen der vergangenen Jahrhunderte erhalten sind, ist einen Besuch wert, wie ein Reiseführer berichtet: »Alles in diesem Haus, die Medaillons und die Fliesen mit Jagdszenen, Göttern und bäuerlichen Idyllen, ist urecht, die Zeit ist einfach stehen geblieben.« Die ausführliche Schilderung der kulinarischen Genüsse Lissabons lassen in Tabucchis Flaneur den eingeweihten Feinschmecker erkennen. Dennoch wird hier – wie für viele Touristen auch – das Andere der Stadt besonders deutlich.

Einzig im Museum für Antike Kunst präsentiert Tabucchi eine Sehenswürdigkeit: das Gemälde *Die Versuchung des heiligen Antonius* von Hieronymus Bosch. Vorgestellt wird das Bild allerdings im Gespräch mit einem Kopisten, der Jahre damit zubringt, Einzelheiten des Gemäldes nachzumalen, zum Bei-

Hieronymos Bosch,
Die Versuchung des
heiligen Antonius

spiel die Fische, deren Abbildungen er dann an Restaurants verkauft. Als Tabucchis Müßiggänger das Museumscafé aufsucht, um ein Glas Ananas-Sumol zu trinken, einen Fruchtsaft portugiesischer Produktion, wird er vom Barmann, einem ehemaligen Emigranten, der in Frankreich bessere Zeiten gesehen hat, als Ausländer entlarvt. Als einer, der allerdings besser Bescheid weiß als die Einheimischen. Warum, lässt Tabucchi seinen Protagonisten fragen und erhält eine resignierte Antwort: »Weil die im Ausland alles wissen«, sagte er unbeirrbar, »hier in diesem Land wissen die Leute nie etwas, es sind lauter Analphabeten, das ist das Problem, die reisen zu wenig.« Nur ungern ist der Barmann, vor allem wegen der unstillbaren *saudade* seiner Frau, nach Lissabon zurückgekehrt. Um seine Berufsehre zu retten, verrät er dem Ausländer sogar die Zusammensetzung seiner Cocktail-Kreation Janelas Verdes' Dream. Tatsächlich ist die dem Museumscafé zugeschriebene Bar in Wirklichkeit im York House in der Rua das Janelas Verdes 32 zu finden. Tabucchi war in dem aus dem 17. Jahrhundert stammenden, weinroten Haus abgestiegen und hatte sich dort zu seinem Text inspirieren lassen. Und er war nicht der erste und einzige Autor, der in diesem, von zwei Frauen aus Yorkshire umfunktionierten Karmeliterkonvent, gewohnt hat. Der Held des holländischen Schriftstellers Cees Noteboom befindet sich in *Die folgende Geschichte* unvermutet im so genannten Essex House an der Rua das Janelas Verdes. Auch zwei Krimiautoren, Graham Greene und John Le Carré, hatten im York House gewohnt. Graham Greene verbrachte gegen Ende des Zweiten Weltkriegs einige Monate im Dienst des britischen Geheimdienstes in der portugiesischen Hauptstadt. John Le Carré erwähnt das Hotel in seinem Roman *Das Russlandhaus*. Dessen Held, ein Londoner Verleger, hat sich nach Lissabon zurückgezogen und trifft die Auftraggeber für seine nächste Mission in der Bar des York House.

LITERARISCHE MENÜS. Zum Abschluss seines *Requiems* verschleppt Tabucchi sogar sein Idol Fernando Pessoa, den er wohlweislich nur als »mein Gast« tituliert, in ein postmodernes Restaurant samt Transvestiten-Kellner, um Tradition und Gegenwart zusammenzuführen. In »literarischen Menüs« wird auf eine Verschränkung von Kochen und Schreiben, Speisen und literarischen Werken als aussagekräftige Zeugen einer Kultur angespielt. So bietet die Speisekarte des Lokals eine *Amor-de-Perdição*-Suppe, nach dem berühmten Roman des Autors Camilo Castelo Branco, einen Fernão-Mendes-Pinto-Salat, benannt nach dem Seefahrer und Verfasser des Versepos *Peregrinação*, sowie Aale auf Delfin-Art, womit Tabucchi auf ein Werk von José Cardoso Pires, *O Delfim*, anspielt.

Der in die Gegenwart transferierte Pessoa spricht ausschließlich englisch, verrät dem Autor so manches Geheimnis um seine Person, beklagt den Verlust der nostalgischen *saudade* in modernen Zeiten und trinkt ironisch auf die *saudade* nach der *saudade*. Von Pessoa höchstpersönlich lässt sich Tabucchi dann die Absolution für die Methode seines *Requiems* erteilen, in dem er ihn sagen lässt: »meine Gefühle entstehen nur durch eine wahrhafte Fiktion, (…) die höchste Wahrheit besteht in der Fiktion.«

Um welche Wahrheit es sich in diesem – übrigens auf Portugiesisch geschriebenen – Text allerdings handelt, bleibt fraglich. Sicher nicht um die Wahrheit Lissabons, eher um die Wahrheit des Autors Tabucchi, der in Lissabon Inspiration und Seelenverwandtschaft findet, um seine eigene faszinierende Version der Stadt zu erschaffen. Der sogar äußerlich seinem Vorbild Pessoa nacheifernde Tabucchi ist in seiner Ehrerbietung inzwischen sogar so weit gegangen, dass er die portugiesische Staatsbürgerschaft angenommen hat.

EÇA DE QUEIRÓS. Der Blick von außen ist oft nötig, um spezifisch Portugiesisches als anderes wahrzunehmen. Sogar einem der bedeutendsten und einflussreichsten portugiesischen Autoren, dem bis heute viel gelesenen Eça de Queirós, kam es zugute, dass er lange Jahre im Ausland gelebt hatte und auf diese Weise seinen Blick auf Portugal schärfen konnte. Schon 1872 verließ er das Land in Richtung Kuba, wechselte nach zwei Jahren auf einen Posten im Außenamt in Newcastle, später in Bristol. Erst 1888 wurde er zum portugiesischen Konsul in Paris ernannt, wo er bis zu seinem Tod 1900 wohnte. Nach Lissabon, das er in seinen Werken so ausführlich beschreibt, kam er nur besuchsweise. Diese räumliche Entfernung relativierte daher seine vormals postulierten Ansprüche einer realistische Literatur: »Ich kann Portugal nicht von Newcastle aus schildern. Um eine Seite, eine Zeile zu schreiben, muss ich zwei gewaltige Anstrengungen unternehmen: mich völlig von der Umgebung, in der ich lebe, lösen und dann, kraft meiner intensiven Erinnerung, die Gesellschaft, die weit entfernt lebt, hervorrufen. Das macht meine Figuren weniger und weniger portugiesisch, aber sie werden deshalb auch nicht englischer.« Dennoch gelang es ihm, aus dem Exil ein Lissabon zu erfinden, das bis heute die Imagination der portugiesischen und ausländischen Leser dominiert, obwohl oder weil seine kritische Haltung selbst heute noch provoziert.

Als Befürworter der Emigration betonte Queirós vor allem ihre positiven Auswirkungen für die portugiesische Wirtschaft und Gesellschaft. Neben den ökonomischen Aspekten betrachtete er Auswanderung als zivilisatorische Kraft. Im Unterschied zu den Entdeckern des 15. Jahrhunderts ging aber Queirós im 19. Jahrhundert nicht mehr von einer höher entwickelten portugiesischen Kultur aus, die in der Fremde zu verbreiten sei, sondern er meinte umgekehrt, dass die Portugiesen im Kontakt mit weiterentwickelten Kulturen sich zivilisieren sollten. Das Verhältnis

Eça de Queirós (1845–1900)

des Mutterlandes zu seinen Kolonien betrachtete Queirós durchaus kritisch, die tradierten Mythen über die glorreiche Vergangenheit waren ihm nur Anlass zum Spott. Portugal sei ein Bittsteller, ein ausgelaugter, zittriger alter Aristokrat, der sich an der drallen, vor Leben strotzenden Frau, der Kolonie, aufrichten und erneuern wolle.

MAIAS. Der Autor selbst war, wie die meisten seiner Romanfiguren, vor allem von der französischen und englischen Kultur beeinflusst. So lässt er sein Alter Ego, den Dichter João de Ega, in seinem berühmtesten Roman *Die Maias* einmal die Sucht der portugiesischen Bourgeoisie, alles Bessere von anderswoher ins Land zu bringen, kommentieren: »Hier wird alles importiert: Gesetze, Ideen, Philosophien, Theorien, Motive, Geschmacksrichtungen, Wissenschaften, Stile, Industrien, Moden, Gewohnheiten, Witze, alles kommt kistenweise mit dem Postdampfer. Die Zivilisation ist für uns sehr teuer, durch die Zollgebühren; und sie kommt aus zweiter Hand, wurde nicht von uns gemacht; hat für uns zu kurze Ärmel.« Der 1845 geborene Eça de Queirós widmet sich in *Die Maias* sowie in dem postum erschienenen Roman *Die Hauptstadt* der Demaskierung der Lissabonner Gesellschaft, die ihren Lebensstil vor allem dem Kopieren französischer und englischer Sitten und Kultur verdankt. In einer boshaften Bemerkung spricht der Autor seinem Heimatland sogar jegliche Eigenständigkeit ab: »Portugal war ein Land, das aus dem Französischen in die Umgangssprache übersetzt wurde.« Da sich Queirós zur Zeit der Abfassung von *Die Maias* in England befand, konzentriert er sich in diesem Roman eher auf die englischen Einflüsse. Schon der Großvater des Helden, Afonso de Maia, sehnt sich nach einer nicht korrupten Aristokratie, wie er sie in London zum Wohle des Landes tätig glaubte, und flieht nach England ins Exil. Zurück in Lissabon übernimmt es der atheistische Afonso, nach dem tragischen Selbstmord seines Sohnes, den Enkel Carlos aufzuziehen, selbstverständlich in englischer Manier, was immer wieder Verwunderung bei Freunden und Bekannten erregt. Die moderne englische Methode, die auf die Ertüchtigung des Körpers zielt, steht in starkem Gegensatz zur portugiesischen Erziehung, die auf Schonung, Verweichlichung und Katholizismus setzt.

ELITE. Der junge Carlos schart eine Gruppe von gleich gesinnten Studentenfreunden um sich, die sich in Fechten, Gymnastik und politischen wie philosophischen Diskussionen gleichermaßen hervortut und unter starkem Einfluss der politischen Umwälzungen im Ausland, besonders seitens der Pariser Kommune, steht. Auch hier ist eine biographische Parallele zu Eça de Queirós selbst zu sehen, zu seinen Zusammenkünften mit befreundeten Dichtern, Politikern und Philosophen. Seine

Praça do Comércio in der Altstadt Lissabons

Gruppe, die sich *Os vencidos da vida, Die vom Leben Besiegten,* nannte und damit auf den Verlust der großartigen portugiesischen Zeit anspielte, war beeinflusst von französischen Sozialtheorien und pessimistisch, was eine reale Lösung der Zustände in Portugal betraf: Die untätige, relativ kleine Gruppe der Elite Lissabons sei unfähig, Veränderungen einzuleiten. Die portugiesische Bevölkerung, von der zu Zeiten Eça de Queirós' nur 21 Prozent überhaupt lesen und schreiben konnten, wurde von den Intellektuellen bloß als Teil der Landschaft begriffen, ohne eigene Stimme, ohne eigenen Willen.

Der Protagonist Carlos bricht nach Beendigung des Studiums denn zu einer Bildungsreise durch Europa auf, kehrt mit Plänen, eine Arztpraxis in Lissabon zu eröffnen, zurück. Er verwendet aber vor allem viel Zeit, seine am Rossio gelegenen Räume in luxuriöser französischer Manier einzurichten. Die vom Platz heraufdringenden Geräusche vermitteln dem ambitionierten jungen Mann jedoch den Eindruck einer »schläfrigen Stadt«, eine Stimmung, von der er sich leicht und gerne anstecken lässt. Auch sein Freund Ega widmet sich einem großen Projekt, einem Roman, über den bereits viel diskutiert wird, bevor je eine Zeile davon geschrieben ist. Berauscht von der zukünftigen Größe ihrer Vorhaben geben sich die jungen Männer aber vor allem Frauengeschichten und einer Untätigkeit hin, die sie mit der Rückständigkeit Lissabons zu rechtfertigen versuchen.

DANDYS. Carlos vervollkommnet sein Aussehen nach dem Vorbild des berühmten französischen Dandys Brummel. Auf Promenaden und Empfängen wird die provinzielle Toilette der verfügbaren Damen kommentiert, die höchstens mit der Natur ihrer körperlichen Schönheit brillieren können, nie aber mit ihrer Kleidung und ihrem Stil. Man geht in die Oper, flaniert am Chiado und diniert im Hotel Central in der Rua do Alecrim, wo man Speisen mit französischen Bezeichnungen bestellt. Dieses Hotel war ansonsten der Treffpunkt der Gruppe um Eça de Queirós, allerdings unter dem Namen Hotel Bragança. Die Kritik an Portugal ist in den Unterhaltungen der jungen Männer ständiges Thema, man überlegt aber zumindest Möglichkeiten, wie das Land der Trägheit zu entreißen wäre. Unter anderem wird die belebende Wirkung einer spanischen Invasion erörtert, die eine portugiesische Widerstandsbewegung zur Folge haben und dem Land seine verlorene Größe zurückgeben könnte: »Und eine neue Geschichte begänne, ein anderes Portugal, ein ernsthaftes und kluges Portugal, kraftvoll und anständig, forschend, denkend und kulturschöpferisch wie einst.« Gefolgt werden solche Fantasien aber von selbstquälerischen Prognosen: Die Portugiesen würden fliehen, sie seien feige, verweichlicht, »die elendste Rasse Europas« und man widmet sich wieder dem Essen, dem Wein und den Frauen. Die

Lissabonnerinnen könnten den Pariserinnen nie das Wasser reichen, bemerkt Carlos' Freund Dâmaso, der mit seiner Manie, alles Ausländische besser zu finden, diese Tendenz der Lissabonner Gesellschaft karikiert. Ununterbrochen ist Dâmaso mit Stilfragen, mit Abgrenzungen gegenüber der Primitivität der anderen beschäftigt. Auf der Rennbahn findet er es vor allem wichtig, nur englisch zu sprechen, dem äußeren Anschein eines von England übernommenen Brauchs zu genügen, während die selbstkritischen Geister um Carlos sich darüber erregen, dass weder die Lissabonner Gegebenheiten noch das portugiesische Publikum ein echtes Rennen bieten könnten: »Das hier ist ein Land, das bloß Gemüsegärten und Rummelplätze verträgt. Rennen, wie viele andere zivilisierte Dinge da draußen, brauchen zuallererst gebildete Leute. Im Grunde aber sind wir alle Müßiggänger!« Auf der Suche nach Abwechslung bewegen sich die Protagonisten ununterbrochen durch den urbanen Raum, als müssten sie ihre politische Untätigkeit durch erhöhte Beweglichkeit wettmachen. Sie spazieren, nehmen Kutschen, Droschken, besteigen die Hügel, betrachten die Stadt von ihren vielfachen Aussichtspunkten, nehmen Züge, um die Stadt zu verlassen, und holen aus dem Ausland zurückkehrende Freunde vom Bahnhof ab.

AMOUREN. Dann aber begegnet Carlos einer fremden Frau, die »das Fluidum einer höheren Zivilisation« auszustrahlen scheint. Die aus Brasilien kommende Dame ist elegant und geschmackvoll gekleidet und Carlos wird ihr verfallen, ohne zu wissen, dass sie eigentlich viel einheimischer und ihm näher ist, als er glaubt. Bei seinen Versuchen, ihr wieder zu begegnen, erscheinen Lissabon und seine Umgebung nun in milderem Licht. Die landschaftliche Schönheit, das angenehme Klima, der blaue Himmel, Dinge, nach denen sich der Autor Queirós in seinen englischen Jahren gesehnt hatte, werden in

Carlos' Spaziergängen und Ausflügen nach Sintra und Seteais ausführlich beschrieben. Nachdem Carlos und Maria sich gefunden haben, treten Lissabon und die äußere Welt zurück, da sich die nun folgende Liebesgeschichte vor allem in geschlossenen Räumen abspielen wird: geheime Treffpunkte, vor neugierigen Blicken verhüllte Kutschenfahrten, das Bett, das sie von nun an teilen, ohne zu ahnen, dass sie Geschwister sind. Die vermeintlich fremde Frau ist seine Schwester, von deren Existenz niemand wusste und die durch das Meer, vom Bruder getrennt, in Brasilien aufgewachsen war. Auch die Möglichkeit der Annäherung Carlos' an Maria Eduarda wird erst durch das Meer geschaffen: Ihr als Ehemann auftretender Geliebter muss geschäftlich nach Brasilien und so wird der Weg frei für Carlos. Auf diese Weise bildet das portugiesische Mythologem des »trügerischen Meers« ein dramaturgisches Element, ohne das die Geschichte nicht glaubwürdig wäre. Die Abgeschlossenheit Portugals wird im Inzest von Carlos und Maria Eduarda symbolisiert.

Nach der Enthüllung der Wahrheit und der Trennung verlässt Carlos die Stadt, um zehn Jahre in Paris zu verbringen. Als er zurückkehrt, hat sich Lissabon zumindest baulich verändert. Der Passeio, der sonntägliche innerstädtische Spazierweg, war zur Avenida da Liberdade umgebaut worden und repräsentierte nun das moderne Portugal, von dem der Rückkehrer nicht sonderlich beeindruckt scheint: »Diese beiden starren Reihen geckenhaft anmutender Häuser erinnerten Carlos an die Familien, die einst nach der Ein-Uhr-Messe zu beiden Seiten des Passeio in Reih und Glied wie erstarrt dastanden, im Sonntagsstaat, in Kaschmir und Seide gehüllt, und der Musikkapelle lauschten.« Den geckenhaften Häusern entspricht die übertriebene Mode der portugiesischen jungen Männer, nun Stiefel »mit scharfen, gebogenen Spitzen wie der Bug von Fischerbooten« zu tragen, die Ega als perfekte Wiedergabe der gegenwärtigen Stimmung Portugals versteht: Das Alte wird scheinbar aufgegeben, das Neue wird wie immer aus dem Ausland übernommen, etwas übertrieben und als eigenes Modernes ausgegeben. Carlos hält sich da lieber an das »echte« Lissabon, wie er es nennt, die unveränderten Stadtteile Graça, Mouraria, São Vicente, Penha; Ega aber zweifelt: »Gewiss tatsächlich, das ist vielleicht echter. Aber so stumpfsinnig, so dreckig! Man weiß nicht, wohin man blicken soll (…) Und wenn wir auf uns selber sehen, umso schlimmer!«

Der ständige Konflikt der Protagonisten findet sich auch heute im Bild der Stadt wieder. Lissabon, das ist ein Nebeneinander von alten und neuen Strukturen, von überholten Modellen und modernen Stilen, die aus dem Ausland kommen, modifiziert wurden und nun nebeneinander und gleichzeitig existieren. Dieses Ineinander lässt sich in letzter Zeit gerade auch am Beispiel postmoderner Architektur oder an den Expo-Gebäuden beobachten und macht das Besondere Lissabons aus.

BASILIO. Auch *Vetter Basilio,* Protagonist des gleichnamigen Romans von Queirós, kam einst für einige Zeit zurück aus London nach Lissabon, um seine für englische und französische Romane schwärmende Kusine Luisa zu verführen. Für den in weiße Flanellanzüge gekleideten Basilio handelte es sich bloß um ein »Liebesabenteuer à la Lissabon«, während er für Luisa »die Welt« bedeutet hatte. Jahre sind vergangen, inzwischen ist Luisa verheiratet. Dem aus Brasilien, Konstantinopel und Paris eingetroffenen Basilio steht eine provinzielle Hausfrau gegenüber, während er von der Kultiviertheit außerhalb Lissabons schwärmt: »In Paris dagegen! Wie entzückend, wie gewagt die diesjährigen Sommermoden! Ja, das war eben Paris! … Alles sei dort kultivierter! Seit er hier angekommen war, habe er zum Beispiel noch nicht richtig essen können. Tatsächlich, er konnte es nicht! ›Nur in Paris versteht man zu essen‹, fasste er sein Urteil zusammen.« Wie schon in den *Maias* hilft hier ebenfalls das Meer, die alte Romanze wieder zu beleben. Luisas Ehemann muss beruflich nach Afrika. Basilio, der aufgrund finanzieller Probleme gezwungen ist, einige Zeit in Lissabon zu verbringen, das er verachtet, beginnt sich zu langweilen und nähert sich der naiven Luisa. Auf einem Spaziergang am Passeio, der sonntäglichen Promenade, kann er aber nur an die fehlenden Möglichkeiten denken, in dieser Stadt Rebhuhnflügel zu essen und Champagner frappée zu trinken.

Als die beiden Freunde des Ehemanns sich darüber klar werden, dass Luisa mit Basilio eine Affäre begonnen hat, und beraten, was zu tun sei, trinken sie in einer Konditorei in der Rua de São Roque Kaffee. Die Beschreibung der Auslage verrät die Affinität des Autors zu den kulinarischen Problemen seines Protagonisten Basilio: »Abgestandene gelbliche Schlagsahne weichte in schalenförmigen Waffeln; dicke Marmeladetafeln zerflossen in der Hitze; zierliche Muschelpasteten drängte ihre vertrocknete Krusten aneinander. Und in der Mitte wand sich auf einer länglichen Schüssel gewichtig eine abscheuliche dickbäuchige Eierlamprete, mit einem Leib von eklem Gelb, den Rücken mit Zuckerschnörkeln bekleistert.« Das Angebot in den mittlerweile mit Kühlschränken und Klimaanlagen ausgestatteten Lissabonner Konditoreien heutzutage ist mit jenem traurigen Anblick nicht zu vergleichen. Sie bilden süße und kühle Oasen, in denen man sich gerne zu einer *Bica*, einem kleinen Espresso mit Kuchen, niederlässt.

AFFÄREN. Das von Basilio angemietete und vorsorglich »Paradies« titulierte Liebesnest in einem stinkenden, schmutzigen Haus ist schäbig, Luisa hat zudem Mühe, als Frau alleine unbemerkt dorthin zu gelangen. Als sie zum geheimen Stelldichein will, trifft sie einmal zufällig einen Freund der Familie, der mit ihr zum Aussichtspunkt São Pedro de Alcântara spaziert. Sie überblicken die herrliche Stadtlandschaft und der Bekannte schwärmt von der Einzigartigkeit Lissabons, vergleicht sie mit Konstantinopel, doch Luisa denkt nur an ihren Liebhaber, der wartet. Sie versucht ihren Verfolger loszuwerden, indem sie die Kirche von São Roque betritt, angeblich um zu beten, doch die schwülstigen, barocken Heiligenfiguren wecken nur ihr Verlangen nach Basilio. Weiter und weiter spaziert sie durch die Altstadt, der Mann lässt sich nicht abschütteln. Erst als sie die Ausrede vorbringt, sie müsse sich einen Zahn plombieren lassen, kann sie entwischen. Ihre Eskapaden sind indessen nicht unbemerkt geblieben. Die enge Straße, in der sich Luisas Wohnhaus befindet, lässt jedes Kommen und Gehen gut beobachten: »Eine abscheuliche Straße war das! Klein, eng, alles hockte dicht beieinander. Beständig auf der Lauer liegende Nachbarn, die sich am Klatsch gar nicht genug tun konnten!« So beginnt das Dienstmädchen ihre Herrin zu erpressen. Ab nun muss Luisa alle Hausarbeit tun, ansonsten würde das Mädchen die Affäre öffentlich machen.

Als Jorge, Luisas Ehemann, endlich zurückkehrt, scheint er vorerst – bis auf das seltsame Benehmen des Dienstmädchens – nichts zu bemerken. Basilio ist Luisas überdrüssig geworden und reist unter einem Vorwand nach Paris ab. Die Geliebte wird schwer krank, Kummer und schlechtes Gewissen plagen sie und schließlich wird auch dem Ehemann aufgrund eines Briefes der Betrug klar. Doch es ist schon zu spät, Luisa überlebt die Schmach nicht. Als kurz danach Vetter Basilio erneut mit seinem Freund im »Misthaufen« Lissabon ankommt, um natürlich im Hotel Central abzusteigen, wird wieder nur heftig auf die Rückständigkeit geschimpft. Wobei die Freunde fast Dankbarkeit darüber empfinden, dass Portugal so zurückgeblieben ist, denn sonst könnten sie nicht so viel darüber witzeln. Der einzige Köder sei das wunderbare Klima, das die Ausländer hierher locken würde und die Exilanten immer wieder nach Lissabon zurückbrächte: »Es gibt nichts Gemeineres als ein gutes Klima!« Diese Klage ist als Echo des Diplomaten Eça de Queirós zu verstehen, der sich trotz aller Kritik nach Lissabon gesehnt hatte. Als Basilio von Luisas Tod erfährt, ist er zwar kurz betroffen, doch er lässt sich rasch von den Vernunftgründen seines arroganten Freundes überzeugen, der die unstandesgemäße Affäre nie gutgeheißen hatte: »Aber sie war doch wirklich keine elegante Geliebte: Sie fuhr in gewöhnlichen Droschken, sie trug Strümpfe von der Stange, sie hatte eine schäbige Schreiberseele geheiratet, sie wohnte in einem dürftigen Häuschen, besaß keinen anständigen Umgang, spielte natürlich Lotto und lief zu Hause in Filzpantoffeln herum; sie hatte keinen Geist, keine Garderobe.« Während die Lissabonner Kleinbürgerin an den Moralvorstellungen der Gesellschaft einer Affäre wegen zugrunde gegangen ist, sorgt sich der weltläufige Basilio zu guter Letzt nur um sein durch Luisas Verschwinden unausgelastetes Sexualleben.

WAISE. Während Queirós in den *Maias* die Dekadenz der Lissabonner Gesellschaft demaskiert, wird im *Vetter Basilio* die von katholischer Religion und Kleingeisterei vorgegebene Moral hinterfragt. Die gnadenlose Verdammung einer ihrer Rolle nicht gerecht werdenden Ehefrau erinnert natürlich an Flauberts *Madame Bovary*, ist aber in ihrer Melodramatik auch von autobiographischen Momenten Queirós' durchdrungen. Als uneheliches Kind geboren, blieben die Verhältnisse bis zur Gründung einer eigenen Familie verworren und machten ihn zum Außenseiter in einer streng nach religiösen und klassenbewussten Prinzipien ausgerichteten Gesellschaft. Seine junge aristokratische Mutter wollte seinen bürgerlichen Vater nicht heiraten, da die Ehe eine Verschlechterung ihres sozialen Status bedeutet hätte. Vier Jahre später willigte sie auf Bitten ihrer Mutter ein; der unehelich geborene Eça wurde aber aus der

Familie ausgeschlossen. Er wuchs mehr oder weniger als Waise auf, betreut von einer Kinderfrau, wurde den Großeltern übergeben, später ins Internat verschickt, dann auf die Universität von Coimbra. Die Ferien verbrachte er bei einer Tante. Erst nach 41 Jahren, als er selbst heiraten wollte, sorgten die Eltern für seine legale Anerkennung. Der Fehltritt seiner Mutter und ihre Versuche, diesen vergessen zu machen, hatten so das Leben des Autors wesentlich geprägt. Daher spielen in seinen Werken Mütter oder Väter keine bestimmende Rolle. Das zurückgewiesene Kind spiegelt sich in den Protagonisten seiner Romane, die oft Waisen sind oder von Großeltern, Tanten oder anderen Autoritätsfiguren aufgezogen werden. Den Frauenfiguren, zwischen Ehebruch, Prostitution und Träumen von romantischer Liebe, ausgenutzt, erniedrigt und unterdrückt, bleibt nur die Flucht in den Fanatismus der Religion, der soziale Abstieg oder der Tod.

RELIQUIEN. Die für das Portugal des 19. Jahrhunderts typische Macht und Scheinheiligkeit des Klerus und seiner Anhänger nimmt der Autor vor allem im Roman *Die Reliquie* aufs Korn. Der Ich-Erzähler Teodórico ist im Grunde nur am schönen Leben und an Frauen interessiert, was ihm jedoch von seiner vermögenden Tante vorenthalten wird, denn sie ist erzreligiös und ihren geistlichen Beratern hörig. Er muss ihr Vertrauen gewinnen, indem er sich extrem gläubig gibt, um als Erbe an ihr Vermögen zu kommen. Zum Beispiel beginnt er seine Tage mit mehreren Messen und Frühgebeten: »In der Mietsdroschke des Pingalho besuchte ich dann vielleicht noch flugs die Kirchen Martires und São Domingos, die Kirche des Klosters zur Sühne und die Kirche Mariä Heimsuchung bei den Salesianerinnen, die Kapelle Monserrate in der Amoreiras und die Gloria in der Cardal da Graça, auch die Fläminnen und die Albertinerinnen, die Pena, das Rato und auch die

Kathedrale!« Während die Altersgenossen bereits ihre Bildungsaufenthalte in London und Paris absolvieren, pilgert Teodórico zu den zahllosen heiligen Stätten Lissabons, um seine Tante von seiner religiösen Gesinnung zu überzeugen. Doch als er den Wunsch äußert, Pariser Kirchen besuchen zu wollen, meint sie, die wahre Religiosität wäre in Lissabon besser zu finden. So verfällt der Neffe auf die Idee, für eine Reise nach Palästina zu werben, um auf den Spuren der Kreuzritter wandeln zu können und ihr zuletzt für die Hauskapelle eine Reliquie mitzubringen. Damit wäre ihr ein guter Platz im ewigen Himmelreich gesichert. Als die Tante einwilligt, folgt Teodórico natürlich nur seinen eigenen Vorstellungen einer Pilgerreise, genießt das Leben. Als er zurückkehrt, weiß er viele Geschichten zu erzählen, wobei er nicht vergessen hat, dass es der Tante gegenüber vielversprechender ist, Lissabon über all die Orte zu stellen, die er bereiste. So preist er die Schönheit des Rossio gegenüber dem Hauptplatz von Alexandria. Als die wertvolle Reliquie in einer feierlichen Zeremonie enthüllt werden soll, findet die bigotte Tante in der Schachtel nicht die ersehnte Dornenkrone, sondern das Spitzennachthemd einer Geliebten Teodóricos. Gescheitert war Teodórico in der katholischen Ordnung nicht wegen seiner Scheinheiligkeit, sondern wegen der »Untauglichkeit zur Heuchelei«, wie er in einer Vision von Jesus höchstpersönlich erfährt. Schließlich hätte er die Geistesgegenwart aufbringen und das verräterische Beweisstück seiner Ausschweifungen als das Hemd der Sünderin Maria Magdalenas ausgeben können. Daher wird er aus dem Haus der Tante vertrieben, beginnt aber einen schwunghaften Handel mit Kostbarkeiten aus dem Heiligen Land. Denn als einziger Lissabonner, der tatsächlich in Palästina gewesen ist, sind seine Reliquien hochbegehrt. Wer heutzutage Lissabonner Kirchen besucht, vergewissere sich dieser Anhäufung von Reliquien, die oft in goldene Vitrinen und Schränke gefasst wurden.

HEILIGE. Der fast heidnische Glaube an materielle Gottesbeweise und die Faszination von Wundern treiben bis heute in Portugal vielfache Blüten. Hinreichend bekannt ist die Geschichte des Wunderheilers Dr. Sousa Martins, der von H. M. Enzensberger in seinem Lissabon-Aufsatz ausführlich beschrieben wurde. Dem Heiler ist am Campo Santana eine Statue samt Votivtafeln dankbarer Patienten gewidmet, wo er immer noch von Kranken konsultiert wird. Großen Zuspruchs erfreut sich auch das Boulevardblatt *O Milagre (Das Wunder)*, das von heutigen Mirakeln berichtet. Und nicht zufällig scheint Anfang des 20. Jahrhunderts die portugiesische Stadt Fatima Erscheinungsort der Jungfrau Maria zu sein. Dass Queirós selbst, trotz scharfer Kritik am Katholizismus, von dessen imaginativen und narrativen Elementen fasziniert war, beweist sein *Wörterbuch der Wunder*, in dem er Erscheinungen Marias, Jesu, von Heiligen sowie Engeln auflistet und beschreibt.

Der Philosoph Eduardo Lourenço bezeichnet das Werk von Eça de Queirós als die »komplexeste, besessenste, glühendste, genaueste und erfolgreichste Interpretation« Portugals, da er sich nicht zufrieden gibt, sondern das Land einer Befragung unterzieht, die seine ganz persönliche Wahrheit zum Vorschein bringt. Die Wut auf seine Provinzialität veranlasste den Autor in seinem Exil, ein »Traum- und Fabelportugal« zu erdichten, mit dem er seine nie nachlassende Liebe zum Heimatland rechtfertigen wollte. In diesem endlosen, weil aussichtslosen Projekt lag die Absicht, Portugal in Beziehung zu anderen Ländern, zu Europa zu setzen und nicht in einer sich selbst bestätigenden Nabelschau zu verharren. Queirós' Darstellung Lissabons ist gerade jetzt brisant, wo es um die Suche nach einer Identität innerhalb der Europäischen Gemeinschaft geht, wie Lourenço meint. Und jedem Leser sei die Lektüre der ironischen, humorvollen Romane Eça de Queirós' empfohlen, um gängige Klischees von Portugal hinter sich zu lassen: »Man findet seine Provinz, seine Hauptstadt und ihre erstaunlichen Bewohner, ihre Gewohnheiten, ihre hypertrophen mediokren Träume, ihre nicht wiederzugebende Überheblichkeit, ihren süßen, durch Überdruss und fehlende Fantasie genährten Größenwahn«, wie Lourenço bemerkt.

PESSOANIEN nennt der Romanist Orlando Grossegesse das von Pessoa-Forschern, -Adepten, -Verlegern und -Verehrern geschaffene Universum rund um den Autor, der in gebildeten Kreisen zum Synonym für Portugal und Lissabon geworden ist. Die wunderbare Vermehrung von Pessoas Werken, Übersetzungen und Interpretationen macht die Lage zunehmend unüberschaubar. Immer wieder entsteigt jener Truhe aus dem letzten Wohnhaus Pessoas in der Rua Coelha da Rocha ein neuer Text, ein neues Heteronym, berichtet Grossegesse. Angeblich soll die Kiste, als man sie fand, 27543 Dokumente enthalten haben, die heute in der Lissabonner Nationalbibliothek verwahrt werden. Da man lange Jahre gezögert hatte, den Bestand zu katalogisieren, scheint der Schatz in Unordnung geraten zu sein, Stücke daraus waren verlegt oder gestohlen worden. Daher sollte man sich, mit den Worten des Pessoa-Experten und Übersetzers seiner Werke ins Englische, Richard Zenith, dem Konvolut eher wie ein Archäologe annähern. Und immer wieder findet man auch im Nachlass des Lusitanisten Georg Rudolf Lind, der Pessoa ins Deutsche übertrug, neue Übersetzungen, die vor allem vom Schweizer Ammann-Verlag veröffentlicht werden. Da die äußere Erscheinung des Dichters, mit breitrandigem Hut, runder Nickelbrille, dunklem Anzug und Oberlippenbärtchen zur Ikone geworden ist, konterkariert Grossegesse seine Ausführungen mit Pessoa-Porträts, in denen der Unverkennbare einen Irokesenhaarschnitt trägt.

Das Restaurante Pessoa, Rua dos Douradores

UNRUHE. Pessoas wohl bekanntestes Werk, *Das Buch der Unruhe*, erschien 1982, also 47 Jahre nach seinem Tod. Die in einem Zeitraum von 20 Jahren entstandenen Aufzeichnungen werden vom Autor einem Hilfsbuchhalter zugeschrieben, der wie Pessoa selbst in einem Handelshaus der Lissabonner Unterstadt angestellt ist, auch in diesem Stadtteil – wie Pessoa – wohnt, seine Gedanken notiert, spazieren geht und die kleinen Restaurants und Bars aufsucht. Hauptschauplatz ist die Rua dos Douradores, die Straße der Vergolder, die für den Hilfsbuchhalter Bernardo Soares zur Welt wird, an der er sich zu messen hat: »Wir alle, die wir träumen oder denken, sind Buchhalter und Hilfsbuchhalter in einem Stoffgeschäft oder in einem Geschäft mit einem anderen Stoff in irgendeiner anderen Altstadt. Wir führen Buch und erleiden Verluste; wir summieren und gehen dahin; wir schließen die Bilanz und der unsichtbare Saldo spricht immer gegen uns.« Das »Wir« der

Aufzeichnungen fordert den Leser auf, sich mit dem Protagonisten zu identifizieren, was in vieler Hinsicht leicht fällt – nicht zuletzt angesichts einiger heute noch nahezu unveränderter Seitenstraßen der Lissabonner Unterstadt, die dem sinnierenden Flaneur das Gefühl vermitteln, dieselben feuchten Mauern, dunklen Ecken, rutschigen Gehsteige abzuschreiten, die auch Soares und sein Schöpfer Pessoa nahmen. Sogar ein vom Autor bevorzugtes Esslokal, das *Restaurante Pessoa*, liegt an der Rua dos Douradores wie seit eh und je. Wie seit eh und je hängt eine mit mechanischer Schreibmaschine getippte Speisekarte vor der Eingangstür des zur Mittagszeit voll besetzten Restaurants. Manche der in Pessoa-Reiseführern erwähnten Adressen allerdings sind hinter modernisierten Fassaden nicht mehr leicht zu entdecken. Aber es genügt schon eine winzige Portion Imagination und der Gang in die parallele oder kreuzende Straße, um »die schmutzigen Linien des Häusermeers, die säuberungsbedürftigen Fenster aller Büros der Unterstadt, die sinnlosen Fenster der höchsten Etagen« wie damals, wie Pessoa, wahrnehmen zu können. Wie damals können die heutigen Spurensucher in die Straßenbahnlinie Nummer 28 einsteigen, falls sie in dem mit Touristen überfüllten Wagen Platz finden, und Pessoas Worte nachklingen lassen, dass ihm die Fahrt wie eine Metapher für das Leben vorkomme. Obwohl die Geschwindigkeit der Tram heute den gegenteiligen Effekt hat: Was Anfang des Jahrhunderts als beschleunigte Zeit schien, spüren wir heute als Verlangsamung. Pessoa konnte vom Tempo des modernen Lissabon noch schwindlig werden und sich rauschhaft den Dimensionen der großstädtischen Entwicklungen hingeben.

CAFÉS. Wie damals können Pessoas Nachfolger das in den Arkaden des Terreiro do Paço gelegene Café-Restaurant Martinho da Arcada aufsuchen und andächtig die Atmosphäre

Die Straßenbahnlinie Nummer 28

einer dem berühmten Stammgast gewidmeten Ecke erspüren. Auf einem Marmortisch sind ein Hut, ein Blatt Papier samt Schreibfeder und Espressotasse aufgestellt, als hätte der Dichter nur kurz den Raum verlassen. An der Wand hängen Fotos und Kopien von Texten, unter anderem ein Brief an die von ihm verehrte Ophelia Queirós, eine der wenigen Frauen, denen der scheue Pessoa sich zu nähern wagte, sowie ein letzter Brief des befreundeten depressiven Dichters Mário de Sá-Carneiro, der, in Paris lebend, Pessoa um Hilfe anrief. Der Selbstmord dieses Freundes verschlimmerte die ohnehin schon angespannte psychische Situation des in Lissabon verbliebenen Dichters. Doch Kaffee stellte nicht das einzige Elixier dar, das Pessoa zu Tages- und Nachtzeiten in den Lokalen der Unterstadt zu sich nahm. Seine Büroarbeit in der Firma Moitinho de Almeida in der Rua da Prata pflegte er mit Gängen zu *Abel*, der Niederlassung der Weinhandlung des Hauses Abel Pereira da Fonseca, zu unterbrechen, um seine geliebte *Macieira*, einen portugiesischen, stark mit Vanille aromatisierten Brandy, oder einen farblosen, scharfen *Bagaço*, zu kippen, damit er mit neuem Schwung seine Arbeit wieder aufnehmen konnte. Die Unbekümmertheit in puncto Gesundheit – »Was ist schon deine Leber? Ein totes Ding, das nur lebt, wenn du lebst, deine Gedichte werden aber ganz alleine leben« – brachte Pessoa schließlich mit 47 Jahren ins Grab.

REISEFÜHRER. Im *Buch der Unruhe* kippt das Alltägliche und Banale immer wieder ins traumhaft Übersteigerte. Diese Stimmung hat inzwischen mehr und mehr Nachgeborene dazu angeregt, die realen Gegebenheiten des Hilfsbuchhalters Soares und seines Schöpfers zu erforschen. Die ständig wechselnden Wohnorte des Dichters Pessoa wären allein Stoff genug, Lissabon in alle Richtungen zu erkunden. In einem vom Ammann-Verlag herausgegebenen Bändchen findet der Interessierte Fotos der Häuser, in denen Pessoa wohnte und arbeitete. Historischen Aufnahmen sind Bilder der heutigen, meist veränderten Orte gegenübergestellt, ergänzt mit Familienfotos und Textstellen aus der Feder des Autors. Wertvolles Material für den Pessoa-Pilger, der auf den Spuren des Dichters wohl vor allem seine eigene Version Lissabons ausmachen wird.

Eine weitere Möglichkeit, sich die Stadt mit den Augen des Dichters zu erschließen, erhält der Leser mit dem im gleichen Band veröffentlichten, von Pessoa verfassten Stadtführer *Lissabon: Was der Reisende sehen sollte*, der in englischer Sprache, wahrscheinlich 1925 geschrieben, im Nachlass des Dichters aufgefunden und 1992 erstmals veröffentlicht wurde.

Wer sich aber lieber der Fiktion ausliefert, dem werden im *Buch der Unruhe* genügend Gelegenheiten geboten, sich in Pessoas vielfältige Beschreibungen der Straßen und Plätze mit ihren geschäftigen Bewohnern, des Regens, des Sonnenscheins, des Tejo und des Himmels zum Sonnenuntergang einzufühlen, um sich einen Blick anzueignen, der über das Abklappern touristischer Schauplätze hinausführt: »Da ist nur Himmel, Himmel aus lauter schwindenden Farben – weißliches Blau, noch bläuliches Grün, verschwommene ferne Farbtöne von Wolken, die keine Wolken sind, gelblich eingedunkelt von verklingendem Fleischrot.«

Pessoa nimmt mithilfe seines Alter Egos Bernardo Soares Lissabon – bestimmt von Witterung, von den Einflüssen der modernen technischen Entwicklungen – manchmal auch wie eine Landschaft wahr. Ein Sonnenuntergang kommt ihm schöner vor als Blumen; die Hügel und Gebäude werden ihm zu Bergen. Vor allem aber beschäftigt er sich mit seinem Dasein in der Stadt, die ihm in ihren vielfachen Perspektiven wie ein Spiegel seiner eigenen Zweifel und Uneinheitlichkeit erscheint: »Mein Bewusstsein von der Stadt ist im Innersten mein Bewusstsein von mir selbst.«

STADTREISEN. Pessoa, der zeit seines Lebens nur durch Lissabon gezogen ist, hegte sogar Misstrauen gegen das Reisen, das ihm nur in der Imagination möglich schien. Realistische Reisebeschreibungen erachtete er als sinnlos. Sich aus seinem Land, seiner Stadt zu entfernen, bewirke keine Veränderung, meinte er. So werde etwa ein Ausflug in den Stadtteil Benfica intensiver erlebt als eine Reise nach China, eine Zugfahrt in Lissabon sei so anstrengend wie eine Fahrt durch mehrere Länder. Die wahre Reise sei das Leben selbst, denn die wahren Entfernungen können allein in der Vorstellung durchmessen werden. Wer es also Pessoa und Soares nachtun wollte, sollte das Geld für ein Flugticket besser in Pessoas Dichtungen investieren, möglichst nicht aus dem Haus gehen und sein wahres Lissabon lesend zu Hause erleben.

Die Skepsis gegenüber den als Wirklichkeit ausgegebenen Erscheinungen machen den Hilfsbuchhalter Soares in der Folge handlungsunfähig. So gerät ein Versuch, Bananen auf der Rua da Prata zu kaufen, von denen er sich zunächst angezogen fühlt, zu einer Abhandlung über die Unmöglichkeit, sich auf das Leben Lissabons einzulassen: »Schreiben ist besser als das Wagnis zu leben, auch wenn leben nichts anderes heißen sollte als Bananen im Sonnenschein kaufen, solange die Sonne scheint und Bananen zum Verkauf ausliegen. Später vielleicht... Jawohl, später... Vielleicht ein anderer... Ich weiß nicht...« Auf diese Weise bleibt er ein Einsamer in der Menge, hält er sich die Wirklichkeit auf Distanz. Soares bezeichnet sich sogar als Eindringling, Außenseiter, Fremdling und Spion, um seine Abgehobenheit zu bewahrheiten. Als Grund gibt Soares dafür unter anderem an, dass er »aus wunderbaren Ländern« nach Lissabon kam: »Landschaften schöner als das Leben, aber von den Ländern habe ich nie geredet außer mit mir selber, und von den erträumten Landschaften habe ich ihnen nie Kunde gegeben.«

FREMDLING. Fernando Pessoa hat die Tatsache, dass er einen Teil seiner Kindheit und Jugend im Ausland verbracht hatte, in seinen Schriften nie erwähnt. Der 1888 in Lissabon Geborene verließ als 8-Jähriger mit Mutter und Großonkel seine Heimat in Richtung Südafrika. In Durban besuchte er eine irische Grundschule, später die High School und eine Commercial School. Die englische Sprache wurde seine Umgangs- und Schulsprache, er las die englischen Klassiker, schrieb Prosa und Gedichte in englischer Sprache. Das Leben in der südafrikanischen Stadt, in der europäische, asiatische und afrikanische Kulturen zusammenkamen, musste Pessoa in irgendeiner Weise beeinflusst haben, obwohl seine Eindrücke erstaunlicherweise – soweit bekannt – in seinem Werk keinen Niederschlag fanden. Dass er sich bei seiner Rückkehr nach Lissabon 1905 als Eindringling empfand, ist unter diesen Bedingungen kaum verwunderlich. In Südafrika war er ein Fremder, da er aus Portugal kam und Englisch nicht seine Muttersprache war; so wurde die – von Mutter und Stiefvater gesprochene – portugiesische Sprache zu seiner Heimat. Die Mutter stammte aus einer adeligen Familie, war gebildet, sprach fließend Französisch, Italienisch und Deutsch, las Latein und hatte vor ihrer Heirat begonnen, Verse zu schreiben. Als 6-Jähriger hatte auch Pessoa bereits ein erstes Gedicht verfasst, das interessanterweise die Liebe zum Vaterland der Liebe zur Mutter gegenüberstellt: »O portugiesisches Land, / in dir kam ich zur Welt, / und wie schön ich dich auch fand, / Mutter mir am besten gefällt.« Die Liebe zur Muttersprache war ihm nach dem Verlassen des Vaterlandes auch Ersatz für die Heimat geworden. Seine lebenslange Unstetheit innerhalb Lissabons ist wohl auf den frühen Verlust des Vaters und diese grundlegende Entwurzelung in seiner Kindheit und Jugend zurückzuführen. Die sich in der Folge entwickelnde Aufsplitterung des Ich, für die manche sogar die klinische Diagnose »Schizophrenie« als

Erklärung heranziehen, macht Pessoa zu einem Vertreter der europäischen, literarischen Moderne. Der Dichter aber fand für diesen inneren Zustand eine geniale, wenngleich wahrscheinlich schwer lebbare Lösung: Er schuf sich Heteronyme, insgesamt mehr als ein Dutzend. Vier davon definierte er mit Lebensläufen, eigenen Dichtungsbegriffen und ließ sie Werke verfassen, die mit Fernando Pessoa nichts zu tun haben sollten, oder wenn, nur einen Aspekt seiner Tiefe repräsentierten: den Hilfsbuchhalter Soares als Verfasser des *Buchs der Unruhe*, den Neoklassizisten und Oden verfassenden Ricardo Reis, den Viehhirten Alberto Caeiro, der naiv und unreflektiert dichten will, und den Schiffsbauingenieur Alvaro Campos, einen Futuristen und Verfasser der berühmten *Triumph-Ode*, mit der die gesamte Geschichte Portugals gefeiert wird.

EIN, ZWEI UND MEHRERE LEBEN. Aber auch für das eigene Leben hat sich der dem Esoterischen zugeneigte Pessoa Verbindungspunkte in höhere Dimensionen ersonnen. Mit seiner Tante Anica, bei der er lange Jahre wohnte, verband ihn ein Interesse an Okkultismus, Astrologie, Numerologie. Ihr erzählte er von seinen Astralvisionen und von seiner Begabung, die magnetische Aura der Menschen zu sehen. Geboren wird der Dichter am 13. Juni 1888, dem Tag des heiligen Antonius von Lissabon, auf dessen Namen er, neben Fernando, getauft wurde. Zu dem Heiligen, der magische Kräfte besessen haben soll, denn er konnte Entferntes deutlich sehen und seinen Astralleib weit außer sich projizieren, hat Pessoa sich definitiv nie geäußert. Es ist jedoch unwahrscheinlich, dass er über dessen Geschichte nicht Bescheid gewusst hätte. Besonders Antonius' Befähigung, sich zu teilen und an mehreren Orten gleichzeitig zu sein, muss ihn besonders angesprochen haben. Zur Wiederbelebung des Sebastianismus wollte der Dichter 1934 mit dem ersten publizierten Gedichtband *Mensagem/*

Botschaft sowie einem Vorwort zu Ferreira Gomes' Buch *Fünftes Reich* beitragen. Um die portugiesische Identität zu bestärken, schlägt Pessoa die Erneuerung des großen nationalen Mythos vor: »Zum Glück haben wir den sebastianischen Mythos mit tiefen Wurzeln in der Vergangenheit und in der portugiesischen Seele.«

SEBASTIANISMUS. Auch die Gedichte seiner ersten Buchpublikation handeln von Symbolen, Figuren und Ereignissen der portugiesischen Geschichte und nahmen, noch bevor der Band in den Buchhandlungen zum Verkauf stand, an einem vom Sekretariat für Nationale Propaganda ausgeschriebenen Wettbewerb teil. Pessoa erhielt aber nur den zweiten Preis. Diese Verbindung von patriotischer Symbolik mit dem faschistischen Estado Novo hat Pessoa nicht gut getan, wie er selbst bemerkte, da es sein Werk auf einen Aspekt reduzierte. Ein Eindruck, den er zeit seines Lebens mangels anderer Publikationen nicht verwischen konnte, wie er in einem Brief an einen befreundeten Autor schreibt: »Ich bin völlig mit Ihnen einverstanden, dass es keine glückliche Idee von mir gewesen ist, mit einem Buch wie der *Botschaft* die literarische Bühne zu betreten. Ich bin in der Tat ein mystischer Nationalist, ein rationaler Sebastianist. Aber ich bin, davon abgesehen und sogar im Widerspruch dazu, noch viele andere Dinge.«
Der Essayist Eduardo Lourenço bezeichnet in seiner *Mythologie der Saudade* diese Neuinterpretation der Mythen, die Fernando Pessoa in *Botschaft* vollzieht, als die Erfindung des Traums der Ohnmacht. Es handle sich nicht mehr um die reale Präsenz Portugals in den überseeischen Regionen, um militärische oder kulturelle Macht, sondern um ein erträumtes Reich, das zwar verloren, aber deshalb nicht weniger bedeutend sei: »Es ging nicht um ein Portugal der anerkannten Helden aus Geschichte oder Gegenwart, sondern um ein Land, das seine

Fernando Pessoa (1888–1935)

eigene Fiktion anstrebte und sich bemühte, seine einstige Berufung wieder zu finden; aber es strebte keine unmöglichen und vergeblichen Eroberungen mehr an, sondern wollte sich selbst als Gestalter des universalen Abenteuers im Bereich der Kultur neu erfinden.« Von daher lässt sich die Heiligsprechung des mysteriösen Dichters verstehen, der mit seiner symbolischen Geographie Portugal auf der Suche nach nationaler Identität durch das 20. Jahrhundert begleitet hatte. Stellvertretend für alle Portugiesen schreibt Pessoa im Gedicht *Tabakladen*: »Ich bin nichts. / Ich werde nie etwas sein. / Ich kann nicht einmal etwas sein wollen. / Abgesehen davon trage ich in mir alle Träume der Welt.« Das Eingeständnis ihrer Bedeutungslosigkeit im Kontext Europas macht die Portugiesen zu Fremden im eigenen Land, wie Lourenço bemerkt. Das Bekenntnis zur Realität des Traumes aber erhebt sie über alle anderen und verortet ihre Größe im Imaginären.

69

HETERONYME. Die Namen der Straßen, der Lokale, die Pessoa in Lissabon aufsuchte, sind auf einem guten Stadtplan durchaus eingezeichnet und bieten dem Touristen genügend Anhaltspunkte in der Wirklichkeit. Dank eines Tagebuchs, das Pessoa im Jahr 1913 führte, weiß man über seinen Tagesablauf, seine Aktivitäten, seinen Umgang Bescheid. Neben seiner Büroarbeit verbringt er seine Freizeit mit Dichtern und Künstlern, zum Beispiel im Café-Restaurant Irmãos Unidos, plant mit ihnen die Zeitschrift *Orpheu*, deren erste Nummer im März 1915 erscheint, kauft mehr Bücher, als er sich leisten kann, und muss hin und wieder Freunde um Geld bitten.

Pessoa beginnt seine Heteronyme zu erfinden. Um seinen Dichterfreund Sá-Carneiro zu provozieren, ersinnt er mit der Gestalt Alberto Caeiros einen »bukolischen Dichter«: »Ich schrieb in einem Zug über 30 Gedichte in einer Art von Ekstase, deren Besonderheit ich nie werde definieren können … Und dann erschien jemand in mir, dem ich sogleich den Namen Alberto Caeiro gab.« Der 1889 in Lissabon geborene und früh an Tuberkulose 1915 gestorbene fiktive Dichter Caeiro lebte laut Pessoa fast immer auf dem Land. Er war ein einfacher, kaum gebildeter Mensch, der vor allem die Schönheiten der Natur besingt, Bäche, Blumen, Bäume, Sonne, Mond und Sterne. Der durch Lissabon ins Meer fließende Tejo, der das Innere Portugals mit der Welt verbindet, ist zwar schöner als der Fluss, der durch Caeiros Dorf im Alentejo fließt. Doch der kleine Fluss sei freier, so Caeiro, weil nicht von der historischen Erinnerung belastet. Der Dichter will sich den unschuldigen Blick des Kindes bewahren und alles wie ein erstes Mal betrachten: »Ich bin ein Mystiker, aber nur mit dem Leibe. / Meine Seele ist einfach und denkt nicht.«

Heidnisch, bukolisch, mystisch, ein wiedergeborener Grieche, in diesem Sinne hat Caeiros angeblicher Schüler Ricardo Reis die Dichtung seines ebenso erfundenen Meisters gedeutet.

Ricardo Reis, ein weiteres Heteronym Pessoas, laut seiner fiktiven Biographie 1887 in Porto geboren, wurde in einer Jesuitenschule erzogen, emigrierte 1919 nach Brasilien, da er als Monarchist die portugiesische Republik nicht ertragen konnte. Ricardo Reis versucht in seinen Versen eine Wiederbelebung der klassischen Tradition und wird seinen Schöpfer Pessoa bis zu seinem Tod begleiten. In Reis konnte Pessoa seiner Neigung zum »Dasein vor dem Denken« nachgehen, einer unbestimmten Angst vor dem Schicksal und der Vergeblichkeit jeglichen Handelns: »Wir bleiben Fremde, / wo wir auch wohnen. Alles ist uns fremd / und spricht nicht unsere Sprache.«

FUTURIST. Die radikalste Position nimmt das Heteronym Alvaro de Campos, angeblich 1890 in Tavira im Süden Portugals geboren, beeinflusst vom Futurismus und vom amerikanischen Dichter Walt Whitman, mit seinen Dichtungen ein. Pessoa lässt de Campos in Glasgow ein Studium als Schiffsingenieur abschließen, um danach in Lissabon zu leben. In seiner Ode an das amerikanische Vorbild versucht er die Brücke zwischen New York, als Sinnbild des Fortschritts, und Lissabon, als Hort der europäischen Geschichte, zu schlagen und sich mit Whitman zu verbrüdern: »Ich, so nahe dem Müßiggang und so leicht voller Unmut ... / Ich weiß, du hast mich gekannt, mich angeschaut und unterwiesen / und weiß, das eben bin ich, in Brooklyn Ferry zehn Jahre vor meiner Geburt / oder die Rua do Ouro herauf, an alles denkend nur nicht an die Rua do Ouro / Und wie du alles fühltest, fühle ich alles, und so stehen wir Hand in Hand / Hand in Hand, Walt, Hand in Hand und tanzen, das Weltall unserer Seele.« Als Vertreter des portugiesischen Futurismus sind vor allem die realen Dichter Almada Negreiros und Santa-Rita zu nennen. Almada veröffentlichte 1916 eine Streitschrift, in der er mit der Dichtergeneration um Júlio Dantas abrechnet und die rückständige Position ihrer

Werke schmäht: »Portugal, das mit all diesen Herren die Einstufung des hinterweltlichsten Landes Europas und der ganzen Welt erlangt hat! Das wildeste Land ganz Afrikas! Das Exil der Geächteten und der Gleichgültigen! Das von den Europäern eingeschlossene Afrika!« Es bedurfte wohl dieser maßlosen Übertreibungen, um die Menschen mit ihren eingefahrenen Anschauungen in der Hauptstadt am Rande Europas ein klein wenig aus ihrer Selbstgefälligkeit zu reißen, hatte jedoch kaum Nachwirkungen. Etwas mehr Beachtung fand im Jahr darauf sein Vortrag im heutigen Theater São Luis, in dem er die Dekadenz Portugals anprangerte und für den Krieg schwärmte, der der lähmenden Stimmung den Garaus machen würde. Die im selben Jahr in Fatima erschienene Jungfrau Maria, die die Welt vor den Schrecken der russischen Revolution warnen sollte, konnte jedoch auf vergleichsweise mehr Resonanz stoßen und sollte zu einem brauchbaren ideologischen Instrument der heraufkommenden faschistischen Diktatur werden. In der einzigen Nummer der Zeitschrift *Portugal Futurista* veröffentlichte auch Pessoa unter dem Namen Alvaro de Campos eine deftige Abrechnung mit Portugal: »Europa braucht Erneuerung. Ihr großen Männer aus Liliput-Europa, zieht an meiner Verachtung vorüber, zieht vorüber, ihr Schlappschwänze!« Das war aber schon das Ende der Zeitschrift und der Ambitionen des Lissabonner Futurismus. Der Maler und Dichter Almada wandte sich in der Folge – und in Anlehnung an das italienische Vorbild Marinetti – dem faschistischen Staat zu. Von ihm stammt aber das bekannte Porträt Pessoas, das er allerdings erst 19 Jahre nach dem Tod des Dichters malte.

TRIUMPH. Das in England erfolgte fiktive Studium von Alvaro de Campos ermöglicht es Pessoa, die englische Sprache und die Beziehungen Portugals zum Ausland in dessen Gedichte einzubeziehen. Futuristische Anklänge sind in seiner

Triumph-Ode zu vernehmen, in der der gelernte Schiffsingenieur Maschinen, Autos, die Gerüche, Bewegungsabläufe und
Geräusche der Großstadt und des Hafens nicht ohne kritische
Ironie nachzeichnet, denn bejubelt werden selbst die Miss-
erfolge der Moderne: »Hollaho, ihr Regierungsumbildungen!
Parlamente, politische Richtungen, Berichterstatter von Staatshaushalten, gefälschten Staatshaushalten!« Schließlich scheint
sein Ich in der Folge einer euphorischen Preisung aller technischen Errungenschaften mit den Eisenbahnzügen zu ver-
schmelzen, Teil der Schiffsschraube zu werden, um sich letzt-
endlich in die modernen Erscheinungen aufzulösen: »Heio!
Ich bin die Schienen! Ich bin die Maschinenhäuser! Ich bin
Europa!«

In der *Meeres-Ode* bringt der Schiffsingenieur alles zusammen,
was das Meer jemals für die Portugiesen gewesen ist. Am Kai
stehend, mit dem Rücken zur Stadt, zum Land, zum europäischen Kontinent, blickt er auf die davonfahrenden Schiffe, die
ins Unbestimmte, ins Unendliche aufbrechen. Seine Wünsche
begleiten die Matrosen auf ihren gefahrvollen Wegen in die
Fremde: »Männer, die Patagonien sahen! Männer, die durch
Australien kamen! Die ihr Auge mit Küsten sättigten, die ich
nie sehen werde! Die an Land gingen in Gegenden, die ich nie
sehen werde!« Die Begeisterung des Zurückgebliebenen, der die
Erfahrung der Fremde nur aus zweiter Hand erfährt, steigert
sich zu einer ekstatischen Feier der Brutalität von Entdeckern
und Kolonisatoren: »Euch bluttriefend, heftig, verhasst, ge-
fürchtete, geheiligt/ grüße ich, grüße ich, grüße ich.«

KOSMOPOLITISCH. In Alvaro de Campos' Dichtungen verbirgt sich Pessoas Versuch zu zeigen, dass Portugal
wesentlich von dem bestimmt ist, was es nicht ist. Die Notwendigkeit, sich in Beziehung zu Europa und zur Welt zu setzen, unterstreicht der Dichter in einem Essay: »Portugiesisch zu

sein in der dezenten Bedeutung des Wortes heißt europäisch sein ohne die schlechte Richtschnur der Nationalität.« Sogar in *Botschaft* beharrt er auf der Notwendigkeit einer Zukunft, die sich von einem erweiterten Begriff des Portugiesischen leiten lassen müsste. Die Rückbesinnung auf Portugals einstige Größe ist ein Versuch, das kosmopolitische Potenzial der Portugiesen wieder in Erinnerung zu rufen, meint der Essayist Eduardo Lourenço: »Für Pessoa führt die Selbstnegation der Portugiesen als kosmopolitisches Volk unweigerlich zur Selbstverleugnung und zum unerträglichen Kniefall vor den großen Nationen England, Frankreich und Deutschland.« Diese Einflüsse mehrerer Kulturen, zusammen mit seiner englischen Erziehung, hätten den Dichter vor allen anderen befähigt, eine neue Position in der portugiesischen Literatur einzunehmen. Aber natürlich ist das nur eine der vielfältigen Möglichkeiten, das Werk des einzigartigen Dichters zu interpretieren.

MAGIE. Dass Pessoas Horizont schon zu Lebzeiten über Portugal hinausreichte, mag eine Anekdote veranschaulichen, die den Dichter mit dem international bekannten Magier Aleister Crowley in Zusammenhang bringt. Pessoa machte im Zuge eines Briefwechsels den Meister, der sich vor allem der schwarzen Magie widmete, auf einen Fehler in dessen Horoskop aufmerksam, und Crowley wollte den Dichter daraufhin kennen lernen. Im September 1930 traf der Magier mit seiner deutschen Geliebten in Lissabon ein, um schließlich ein paar Wochen später an der Boca do Inferno, dem Höllenschlund von Cascais, mysteriös zu verschwinden. Nur ein chiffrierter Brief und ein Zigarettenetui wurden gefunden, sodass man vorerst an Selbstmord glaubte. Der wahre Hergang konnte nie geklärt werden, doch als Crowley überraschenderweise in England wieder auftauchte, meinte Pessoa, dass es sich durchaus um den Astralleib des Magiers gehandelt haben könnte, den er kurz vor dessen Verschwinden getroffen hatte. Der Biograph Pessoas, Angel Crespo, vermutet gar eine unter Pessoas Anleitung ausgeführte PR-Aktion, die Aleister Crowley ins Gespräch bringen sollte, da der Dichter, wie vielleicht weniger bekannt, auch für die noch junge Kunst der Werbung tätig war. Sein für Coca-Cola verfasster Slogan »Zuerst sich weigern. Nachher sich steigern« schoss jedoch übers Ziel hinaus. Er lenkte damit die Aufmerksamkeit des portugiesischen Gesundheitsministers auf einen möglichen Kokaingehalt des Getränkes und zog die Beschlagnahme aller Bestände nach sich.

Die Echos, die Leben und Werk Fernando Pessoas und seine Heteronyme auslösten, werden daher in voraussehbarer Zeit nicht verstummen, sondern sich im Gegenteil während der ungebrochen fortgesetzten Editions- und Übersetzungsarbeit vervielfältigen. Und das Nachdenken über Portugal und Lissabon wird immer mit seinem Namen verbunden sein, wie die Autorin Lídia Jorge in einem Radiointerview bekennt: »Am Anfang der portugiesischen Moderne steht Pessoa, dessen Werk ausstrahlt in viele poetische Klimazonen. Pessoa hinterlässt einen Nachhall sogar dort, wo man ihn gar nicht kennt.« Mit der Überführung seines Sarges vom Friedhof Prazeres in die Heldengruft im ehrwürdigen Hieronymus-Kloster wurde die herausragende Bedeutung Pessoas postum gewürdigt. In eine elegante Marmorsäule, deren vier Seiten je einen Aspekt der Dichterpersönlichkeit versinnbildlichen sollen, sind für die Ewigkeit Gedichte gemeißelt. So ist der Dichter, der wesentlich zur Erneuerung der für die portugiesische Identität wichtigen Mythen beigetragen hat, selbst zu einem Bestandteil jenes Nationalgefühls geworden.

IV. Flüchtlinge, Spione, Verdächtige – Von der Vergangenheit belastete Stadt

DIKTATUR. Dass vor der glorreichen Nelkenrevolution von 1974 in Portugal 48 Jahre lang eine Diktatur geherrscht hatte, ist hierzulande wenig bekannt. Nach dem Niedergang der Monarchie 1910 konnte sich Portugal kurzfristig als eine der ersten Republiken Europas glücklich schätzen, bis es 1926 zu einem Militärputsch kam. Im *Estado Novo*, dem *Neuen Staat*, wie die Diktatur genannt wurde, waren Oppositionsparteien verboten, Zensur, Bespitzelung und Folter beschränkten die Meinungs- und Bewegungsfreiheit der Portugiesen. Ausgetüftelt hatte die scheindemokratische Legalisierung der Militärdiktatur ihr Führer António de Oliveira Salazar, der 1932 vom Finanzminister zum Ministerpräsidenten aufgestiegen war. Wahlberechtigt war wegen der hohen Analphabetenrate ohnehin nur ein geringer Teil der männlichen Bürger. Der Analphabetismus schien durchaus im Interesse des Regimes. So soll noch 1960 ein Abgeordneter bemerkt haben: »Wozu das Land alphabetisieren? Vasco da Gamas Matrosen, Analphabeten, haben den Seeweg nach Indien gefunden!« Die Frauen durften nur wählen, wenn sie entweder eine Hochschulausbildung vorweisen konnten oder Haushaltsvorstand waren, was in der patriarchalisch bestimmten portugiesischen Gesellschaft selten genug vorkam. Unter diesen Voraussetzungen und dank der Republikanischen Nationalgarde GNR sowie der berüchtigten – mithilfe der Gestapo aufgebauten – Geheimpolizei *Polícia de Vigilância e de Defesa do Estado* PVDE (später PIDE genannt und von der amerikanischen CIA trainiert) konnte sich Salazar immerhin 36 Jahre lang an der Macht halten. Das von Industriellen, Großgrundbesitzern, Banken und Kirche gestützte Regime isolierte Portugal auch nach dem Zweiten Weltkrieg vom Rest der Welt unter dem Vorwand, seine Ressourcen vor allem aus den überseeischen Kolonien zu beziehen. Tatsächlich aber stiegen die Kosten, diese vor allem afrikanischen Gebiete zu halten, ins Unermessliche. Während der mehr als 10 Jahre dauernden Bürgerkriege in Afrika gegen die portugiesischen Machthaber gab Portugal bis zu 50 % seines Haushaltsbudgets für die Kolonialkriege aus. In portugiesischen Schulbüchern vor der Revolution von 1974 sollten die Schüler anhand einer europäischen Landkarte, in die die Umrisse der afrikanischen Kolonien kopiert worden waren, die wahre Größe des portugiesischen Reichs begreifen. Die geringe Bedeutung Portugals am europäischen Kontinent glaubte das Regime durch die Präsenz in Afrika zu kompensieren, obwohl die Gebiete dort lange nicht so ertragreich waren wie das in die Unabhängigkeit entlassene Brasilien.

Im Beharren auf der imperialen Bedeutung Portugals verstieg sich Salazar sogar zur Aussage, dass Angola und Mozambique genauso portugiesisch seien wie die bodenständigen Provinzen Minho und Beira des Mutterlandes. Salazar, der sein Land lieber arm und unabhängig sah, als auf Angebote – und Einflüsse – des zum Beispiel von den Alliierten angebotenen amerikanischen Kapitals einzugehen, betrieb die Autarkie auf Kosten der Bevölkerung und brachte Portugal den Ruf eines »Armenhauses Europas« ein. Da den Portugiesen in ihrem eigenen Land wenig Verdienst- und Entwicklungsmöglichkeiten geboten wurden, sahen viele in der Emigration ihre einzige Chance. Frankreich, Deutschland, Kanada, Venezuela, Südafrika, Brasilien, Schweiz waren die Länder, in denen die Auswanderer meist als unausgebildete Arbeiter in Fabriken, im

Gastgewerbe, am Bau oder in Haushalten Beschäftigung fanden. Von 1950 bis 1970 verließen etwa zwei Millionen Portugiesen ihr Land. Mit ihren nach Portugal zurückfließenden Ersparnissen bildeten sie einen wesentlichen Wirtschaftsfaktor, der dem Autonomiebestreben der Staatsdoktrin zwar entgegenstand, Portugal aber mit am Leben erhielt. Den Zusammenhang von Diktatur und Emigration formuliert der Philosoph Eduardo Lourenço folgendermaßen: »Konkret war der Salazarismus der hohe Preis, den eine Agrarnation, die in Bezug auf das westliche System, dem sie angehörte, im Hintertreffen war, zahlen musste, um das Niveau einer sich auf dem Weg der Industrialisierung befindenden Nation zu erreichen. Das grausame, symbolische Ergebnis dieses Prozesses war die massenhafte Emigration...«

KOLONIALISMUS UND EMIGRATION. Nimmt man das portugiesische Grundgefühl der Saudade, Sehnsucht nach Vergangenem, nach Entferntem, ernst, so muss man danach fragen, wo diese Vergangenheit liegt und wohin die Emigration vom Mutterland die Einwohner führte und führt. In diesem Sinne wäre es möglich, die Geschichte Portugals als jahrhundertelange Geschichte der Auswanderung und die Portugiesen als ewige Emigranten zu sehen, wenn sich auch deren Erscheinungsformen im Lauf der Zeit gewandelt haben:
In der Epoche der Entdeckungen des 15. bis 17. Jahrhunderts handelte es sich vor allem um den Typus des *Conquistadors* und Kolonisators, gefolgt vom *Minero* des 17. und 18. Jahrhunderts, dem Bergarbeiter, der in den brasilianischen Minen reich werden wollte. Für das 19. Jahrhundert war schließlich der *Brasileiro* typisch, der als neureicher Rückkehrer durch die Literatur geistert. Besonders Camilo Castelo Branco hat zur Entstehung der literarischen Figur des aus Brasilien oder Afrika zurückgekehrten portugiesischen Auswanderers beigetragen. Die Prob-

leme der Wiedereingliederung der im Ausland zu Wohlstand Gekommenen werden bei Castelo Branco überzeichnet, wie die Romanistin Silva-Brummel in einer Studie bemerkt: »Als Karikatur ist sein ›brasileiro‹ immer physisch hässlich, moralisch skrupellos und geldgierig und nicht sehr intelligent. (…) Er spricht eine von ›Brasilianismen‹ geschmückte Sprache, und seine Denkkategorien orientieren sich immer an Geld und Besitz.« Mit dieser Figur will der Autor die Missstände der portugiesischen Gesellschaft anprangern, die nach dem Reichtum des *brasileiros* giert, ihn gleichzeitig aber verachtet und den Heimkehrer zwingt, sich die soziale Anerkennung zu erkaufen. Demgegenüber steht der heldenhafte Auswanderer, der nicht aus Geldgier, sondern aufgrund eines Unglücks die Heimat verlassen musste. Die Emigration bedeutet für ihn eine zweite Chance, sein Leben neu zu beginnen und seine oft verlorene Ehre zu retten. Bis Mitte des 19. Jahrhunderts dauerte diese Auswanderungswelle nach Brasilien an. Im 20. Jahrhundert verstärkte sich die Zahl der Auswanderer zunehmend. Nun bedeutete Emigration für die arme Bevölkerungsschicht die Möglichkeit, sich Dinge, wie Arbeit, genügend zu essen, ein Haus, Krankenversicherung, Rente, sowie Ausbildungsmöglichkeiten für die Kinder zu verschaffen, die im Heimatland nicht zur Verfügung standen.

Es waren nicht mehr bestimmte Regionen oder gesellschaftliche Schichten, aus denen die Emigranten ins Ausland aufbrachen, sondern das Phänomen verbreitete sich über das ganze Land. Gründe waren die zunehmend schlechte wirtschaftliche Situation, die Belastung des Staatshaushaltes durch die Kolonien und der zunehmende Widerstand gegen die Diktatur. Das Regime war zwar wegen des verstärkten Abwanderung ganzer Familien und wehrfähiger Männer besorgt, wollte aber die Motive dafür nicht im eigenen Land sehen, sondern erklärte die Emigration zur traditionellen Haltung des mutigen, ehrgeizigen und abenteuerlustigen portugiesischen Volkes. Zudem profitierte Portugal von den ins Land zurückfließenden Devisen der fleißigen Fremdarbeiter. Ab den fünfziger Jahren des 20. Jahrhunderts dominierte der Typus des *Francés* oder des Gastarbeiters, der in den Ferien aus Frankreich, Kanada, Deutschland zurück ins Mutterland kam, seine Kinder zum Studieren nach Portugal schickte und in seinem Heimatdorf ein Haus im französischen Stil erbaute.

Eduardo Lourenço bringt diese portugiesische Diaspora in Verbindung mit dem messianischen Traum und bezeichnet Portugal als ein »katholisches Israel«, nur dass als Ursache für die Emigration der Portugiesen nicht wirklich Verfolgung zu nennen ist, sondern schlechte ökonomische Bedingungen. Dem Mythos der Saudade stehe seitdem der Mythos der Emigration gegenüber: Erst das Verlassen Portugals kann den Emigranten aus seiner unbefriedigenden Gegenwart befreien. Nur in der Fremde erreicht er, was ihm im eigenen Land geboten werden sollte. Es ist bezeichnend, dass der auch selbst in Südfrankreich lebende Essayist Eduardo Lourenço seinen Ausführungen zur Saudade, ein *Vorwort für Franzosen* voranstellt, um den französischen Dienstherren der unzähligen portugiesischen Gastarbeiter deutlich zu machen, welche Kultur sich hinter der Putzfrau, dem Bauarbeiter, dem Kellner, dem Tankwart, dem Fabrikarbeiter, deren Wege sie tagtäglich beiläufig kreuzen, verborgen ist. Der große portugiesische Kontext sei im Ausland deshalb kaum sichtbar, da die Portugiesen die Fähigkeit besäßen, sich anzupassen und ihre Fremdartigkeit zu verstecken, meint Lourenço.

GEIZ. Absurderweise brachte zuletzt Geiz den portugiesischen Diktator 1968 zu Fall und das buchstäblich, wie eine wunderbare Legende überliefert: Salazar saß wie immer auf seinem mit Segeltuch bespannten Feldstuhl, als eines Tages der zerschlissene Stoff der Sitzfläche riss. Der Diktator stürzte, zog sich schwere Kopfverletzungen zu, die kurz darauf zu einem Schlaganfall führten. Sein enger Mitarbeiter Caetano übernahm die Regierungsgeschäfte. Der Schatten des Diktators wirkte aber so stark nach, dass man diesen selbst nie in Kenntnis vom Machtwechsel setzte, sondern mit fiktiven, nur für ihn veranstalteten Kabinettssitzungen der Illusion überließ, immer noch im Zentrum zu stehen. Als Spiegelbild seiner eigenen Isolationspolitik verbrachte Salazar die letzten Jahre seines Lebens im São Bento Palast ohne Nachrichten von draußen und ohne Klarheit über die aktuellen politischen Verhältnisse.

Der eigenartige, veränderungsresistente Charakter Salazars, den er auf die portugiesische Politik übertrug, lässt sich vielleicht durch seine Herkunft aus einem Weinbauerndorf, seine Ausbildung in einem Priesterseminar und seine Professur für Finanzwissenschaften an der konservativen und ehrwürdigen Universität Coimbra erklären. Provinzialität wurde so zum Lebensprinzip erhoben, die Öffnung nach außen erschien unnötig, Fortschritt eine Bedrohung, das mondäne Leben in der Großstadt Lissabon ein notwendiges Übel, dem sich der Diktator entzog und lieber mit wenigen Vertrauten über die Feinheiten des Weinbaus diskutierte. Seine treueste Dienerin, die Haushälterin Dona Maria, die schon in Coimbra für ihn gearbeitet hatte und mit der er in Lissabon die Abende verbrachte, wurde in Salazars häuslicher Abgeschlossenheit als Stimme des Volkes zu einer wichtigen Vermittlerin: »Dona Maria las dem Senhor Doutor die Krawatten und Hemden aus, kochte ihm Tee, wenn er in eine seiner Depressionen fiel, sie erzählte dem Diktator alle Einzelheiten der Filme, die sie gesehen hatte, und führte im Haushalt Buch.« Nach dem Schlaganfall wurde die Tragikomödie um Salazars unangefochtene Regentschaft unter Dona Marias Regie fortgesetzt, bis er zwei Jahre später starb. Aber selbst sein Nachfolger Caetano dachte nicht daran, Veränderungen in Portugal einzuführen, sondern hielt noch bis zum 25. April 1974 starr an der von Salazar eingeschlagenen Linie fest, bis schließlich das Militär, müde vom sinnlos gewordenen Kolonialkrieg, den Umsturz einleitete.

ESTADO NOVO. Besonders eindrücklich wird die repressive Stimmung zu Beginn der Diktatur in José Saramagos Roman *Das Todesjahr des Ricardo Reis* spürbar, der seinen Protagonisten im Dezember 1935 aus Brasilien nach Lissabon zurückkehren lässt. Der Arzt Ricardo Reis, ein Alter Ego des Dichters Pessoa, hat in der Emigration nicht schlecht gelebt, trotzdem zieht es ihn zurück in die Heimatstadt. An Lissabon, das mit einer Umkehrung des berühmten Zitats des National-dichters Camões – »Hier endet das Meer und das Land beginnt« – vorgestellt wird, fällt bei seiner Ankunft die Rückständigkeit und Armut auf: »Behend bewegen sich da unten die portugiesischen Gepäckträger, mit Strohhütchen und in ihren Schaffelljacken, doch so gleichgültig gegenüber der durchdringenden Nässe, dass sich das Universum verwundert, vielleicht bewirkt diese Dürftigkeit, die Börsen der Reisenden zu erweichen, (…) und mit dem Mitleid erhöht sich das Trinkgeld, zurückgebliebenes Volk, mit ausgestreckter Hand, verkaufe jeder, wovon er im Überfluss hat, Resignation, Demut, Geduld.« Der Heimkehrer nimmt ein Zimmer im Hotel Bragança in der Nähe des Cais do Sodré, von dem aus er den Tejo im Blick hat; den Himmel kann er aufgrund des ständigen Regens kaum sehen. Das Hotel ist dem Leser als Hotel Central bereits aus den Romanen von Eça de Queirós bekannt. Auf Reis' Erkundungs-gängen durch Lissabon vergleicht der Rückkehrer das Bild, das er in seiner Erinnerung von der Stadt behielt, mit der Realität, hat aber Mühe, eine Übereinstimmung zu finden: »Letztlich ist alles diffus, nebulös die Architektur, die Linien verschwommen, vielleicht durch die vergangene Zeit, vielleicht durch seine schon müden Augen, nur die Augen der Erinnerung können so scharf sein wie ein Sperberauge.« In den Zeitungen liest er vom Tod Fernando Pessoas und begibt sich mit der Straßenbahn zum Friedhof Prazeres, wo der Dichter begraben wurde. Die Begräbnisstätte ist mit ihren Straßen und nummerierten Grabhäuschen wie eine Stadt strukturiert und im Unterschied zu protestantischen Friedhöfen reichlich mit weltlichen Attributen wie Spitzendeckchen, gehäkelten Vorhängen und sonstigen Ornamenten geschmückt. Heute noch sind die alten portugiesischen Friedhöfe Treffpunkte für Familien, die mit Imbiss und Strickzeug einen Nachmittag am Grab des geliebten Toten verbringen. Als Reis unter der Nummer 4371, der letzten Ruhestätte Pessoas, erwartet, dramatische Gefühle für den Dichter zu empfinden, der ihn als Heteronym erschaffen hat, muss er sich eingestehen, dass er bis auf ein »leichtes Brennen in den Augen« kaum Rührung verspürt. Auch in diesem Falle hat seine Wertschätzung für den Autor und vor allem sein Werk nichts mit dem realen Ort zu tun. Reis leidet an dem für Heimkehrer typischen Syndrom, dass die Vorstellung der Heimat, die man in der Fremde so lange in sich bewahrt hat, mit der veränderten Landschaft der tatsächlichen Stadt wenig zu tun hat. Seine Suche nach Wiedererkennbarem führt ihn zur Erkenntnis, dass seine Erinnerung vor allem Fiktion ist.

SPUREN. Reis wandelt in der Unterstadt Lissabons auf den Spuren des verstorbenen Pessoa, denkt in der Rua do Alecrim angesichts der Dichterstatue von Eça de Queirós über die Berufung zum Schriftsteller nach, passiert ein paar Meter weiter das Camões-Denkmal. Er geht auf die Bildlichkeit der Lissabonner Straßennamen ein, wie auf den Namenswechsel von Rua do Mundo, Straße der Welt, zu Rua Misericórdia, Barmherzigkeit. Allenthalben trifft er auf Reste glorreicher Vergangenheit. Der Leser erfährt mit diesem Spaziergänger, der sich mehr in seiner Gedankenlandschaft als auf dem wirklichen Pflaster der Stadt befindet, dennoch einiges über Lissabons wechselvolle Geschichte, den Alltag der Menschen und kann seinen Blick mit Ricardo Reis von Aussichtspunkten über die Häuser in immer wieder neuen Perspektiven schweifen lassen. Der Schönheit der Bauten steht jedoch eine verschüchterte Haltung der in ihnen wohnenden Menschen gegenüber, die den Druck der Armut und der Unfreiheit spüren. In der Rua do Século trifft Reis denn auf eine Menschenmenge, die auf eine Armenspeisung der Tageszeitung *O Século* angewiesen ist. Nur am Silvesterabend entlädt sich die gedrückte Stimmung für ein paar kurze Momente, und die Leute werfen, wie es der Brauch ist, Müll auf die Straße: »Man wirft fort, was untauglich ist, Dinge, die ihren Zweck nicht mehr erfüllen und die sich nicht mehr verkaufen lassen, für diese Gelegenheit wurden sie aufbewahrt, Beschwörungen, damit das neue Jahr Überfluss bringe, auf jeden Fall wird Platz für das Gute geschaffen.« Auch Ricardo Reis hat einen Vorsatz gefasst, er möchte eine Arztpraxis eröffnen, ähnlich wie der Held Carlos in Eça de Queirós' Roman *Die Maias*. Dann aber erscheint Reis plötzlich an der Ecke Rua dos Sapateiros und Rua de Santa Justa Fernando Pessoa persönlich, mit dem er in Hinkunft noch öfter zusammentreffen und diskutieren wird. Diesmal will der Dichter mit seiner erfundenen Figur Reis nicht in sein einstiges Stammlokal Martinho da Arcada gehen, sondern zieht es vor, sich in der Verborgenheit des Arkadengangs am Terreiro do Paço zu unterhalten. Pessoa beklagt, dass er gestorben sei, bevor er Antwort auf die Frage gefunden hätte, »ob der Dichter vorgibt, ein Mensch zu sein, oder ob der Mensch vorgibt, ein Dichter zu sein«. Reis wiederum erfährt, dass er neun Monate Zeit habe, sich von seiner Identität als Heteronym seines Erzeugers zu lösen und sich als eigenständiger Mensch in lebendigem Austausch mit seiner Umgebung zu entwickeln.

VERDÄCHTIG. Je länger Ricardo Reis sich in Lissabon befindet, desto mehr beginnt er die politische Wirklichkeit wahrzunehmen. Die Hauptstadt wird als Schauplatz der Salazar-Diktatur erkennbar. In Gesprächen und aus Zeitungen erfährt er vom gesteigerten Selbstbewusstsein Portugals angesichts der schlechten wirtschaftlichen Lage anderer europäischer Länder. Er selbst wird als Fremder, der für seinen Aufenthalt in der Stadt keinen besonderen Grund vorweisen kann und nicht einstimmt in Lobreden und patriotischen Größenwahn, vor allem von dem spionierenden Hotelangestellten Pimenta mit Misstrauen beäugt, sodass er sogar von der Geheimpolizei vorgeladen wird. Schon allein diese Tatsache scheint vielen ein Beweis seiner Schuld, obwohl ihm bei der Befragung nichts Nachteiliges nachgewiesen werden kann. Das Hotel füllt sich mittlerweile mit reichen Spaniern, die vor dem Bürgerkrieg fliehen und deren lautstarke Anwesenheit Reis über das Wesen der portugiesischen Zurückhaltung nachdenken lässt. Die Anpassungsfähigkeit der Hotelangestellten an die dominanten Spanier kommentiert Reis ironisch: »Keiner ist perfekter Portugiese, wenn er nicht eine andere Sprache besser spricht als die seine.« Eine Tatsache, die bis heute gilt. Es sind immer die Portugiesen, die mit den in ihr Land kommenden Ausländern, vor allem Spaniern, in deren Sprache kommunizieren. Die meisten Spanier halten es nicht für nötig, fremde Worte in den Mund zu nehmen, und erwarten selbstverständlich, außerhalb ihres Landes verstanden zu werden.

Sogar den Unterschied zwischen begeisterten Nazi-Anhängern und stillschweigendem Einverständnis mit dem eigenen diktatorischen Regime des Estado Novo führt Reis auf lusitanische Bescheidenheit zurück: »Natürlich ist das Volk in Deutschland anders. Da klatschen die Leute Beifall, eilen zu den Paraden, entbieten den römischen Gruß, träumen von Uniformen für Zivilisten, doch wir sind weniger als drittrangige Figuren auf der großen Weltbühne, das Höchste, was wir erreichen, ist, als Statisten zu wirken.« In den Zeitungen aber, die Reis tagtäglich liest, wird die ideologische Nähe der beiden Diktaturen beschworen. Nach dem Vorbild der Hitlerjugend wird sogar die so genannte *Moçidade Portuguesa* gegründet, und auf den Straßen nehmen politische Kundgebungen überhand.

SCHEITERN. Ricardo Reis bemerkt, dass es ihm schwer fällt, diese Veränderungen Lissabons zu akzeptieren. Obwohl er sich in Brasilien 16 Jahre lang nach einer Rückkehr gesehnt hat, zweifelt er nun, ob die Entscheidung richtig war: »Dieses Land ist nicht seins, falls es überhaupt jemandem angehört, es hat eine Geschichte, die nur auf Gott und Unsere Liebe Frau vertraut, es ist ein Bildnis, wie flüchtig hingeworfen, mit abgeflachtem Gesicht, dessen Erhabenheiten nicht sichtbar sind.« Er spielt damit auf eine Bemerkung Pessoas an, nach der Portugal das Gesicht Europas sei, und Reis kann inzwischen seiner Begegnung mit dem Dichter kaum mehr Positives abgewinnen. Reis kritisiert Pessoa sogar, das Regime mit seinem Gedicht *Botschaft* gestützt zu haben, in dem er Portugal heilig genannt habe und damit der katholischen Basis des Faschismus einen Dienst erwies. Gott durfte forthin ungehindert als Legitimation sämtlicher Untaten herhalten. Ein Vorwurf, dem sich Pessoa lachend entzieht. Aber auch Reis scheitert, er kann sich von seinem distanzierten Blick auf die Stadt nicht lösen. Von der anfänglichen nostalgischen Absicht, das Ersehnte wieder aufzuspüren und in philosophischen Gesprächen über die Existenz mit Pessoa den Gründen seiner Verwurzelung in Lissabon auf die Spur zu kommen, wendet sich der Blick des Heimkehrers nun den beängstigenden politischen Entwicklungen zu. Er besucht sogar eine Manifestation in der Stierkampfarena am Campo Pequeno, wo spanische Falangisten, deutsche Nazis, italienische Faschisten und portugiesische Salzaristen aufeinander treffen: »Portugal, Portugal, Salazar, Salazar, Salazar. Auf der rechten Seite der Tribüne, auf Plätzen, die, sehr zum Neid des heimischen Publikums, leer geblieben waren, ließen sich die Vertreter des italienischen Fascio mit ihren Schwarzhemden und den Orden daran nieder, und auf der linken Seite Vertreter der Nazis, mit Braunhemd und Armbinde, darauf das Hakenkreuz, (…) in diesem Augenblick erscheinen die spanischen Falangisten in ihren schon bekannten blauen Hemden, drei verschiedene Farben und nur ein einziges Ideal. Die Menge steht wie ein Mann, der Lärm steigt zum Himmel, es ist die Universalsprache des Gebrülls, das endlich durch die Geste geeinigte Babel.« Ricardo Reis bleibt angesichts dieser Bedrohung jedoch passiv und kann der Herausforderung, die Lissabon an ihn als einen handelnden Menschen stellt, nicht genügen.

Obwohl der Roman mit einem düsteren Ausblick auf Portugals Zukunft endet, bietet die Geschichte des Ricardo Reis dem Autor Saramago genug Gelegenheiten, Lissabon ausführlich, liebevoll und immer wieder treffend zu charakterisieren, Straßen, Gebäude, seine jahrhundertealte Geschichte, seine Verrücktheiten und Paradoxien aufleuchten zu lassen. Einsichten, die damals wie heute gültig sind und die dem Besucher auf Spaziergängen und Streifzügen durch die oft unverändert gebliebenen Straßen nachklingen. Saramago schreibt: »Dieser Stadt genügt es zu wissen, dass die Windrose existiert, niemand ist verpflichtet wegzugehen, dies ist nicht der Ort, an dem die Richtungen sich öffnen, es ist auch nicht der wunderbare Punkt, an dem die Richtungen einander zustreben, genau hier ändern sie Richtung und Sinn, der Norden heißt Süden, der Süden ist Norden, die Sonne stand still zwischen Ost und West, eine Stadt gleich einer brennenden Narbe, von einem Erdbeben umkreist, eine Träne, die nicht trocknet, und keine Hand, sie fortzuwischen.«

José Saramago (geb. 1922),
Nobelpreisträger
für Literatur 1998

NOBELPREIS. José Saramago selbst wohnt seit langen Jahren nicht mehr in Lissabon, sondern verließ nach dem Skandal um seinen Roman *Das Evangelium nach Jesus Christus* die Stadt, um mit seiner zweiten Frau Pilar, einer Spanierin, auf der Kanareninsel Lanzarote zu leben. Als ihm 1998 der Nobelpreis verliehen wurde, entbrannte in Portugal eine Diskussion, wem nun die angesehene Trophäe und sein Besitzer gehörte. Nach der Bekanntgabe auf der Frankfurter Buchmesse war es zu einem beispiellosen Gerangel um den Ausgezeichneten gekommen: Saramago – schon auf dem Weg nach Lanzarote – wurde am Flughafen von seinem portugiesischen Verleger abgefangen und zurück in die Messehalle gebracht, um ihn – vor der von seinem spanischen Verlag geplanten Feier in Madrid – als Portugiese der Öffentlichkeit zu präsentieren. Der damalige portugiesische Premierminister Guterres bezeichnete den Preis als Anerkennung für das Land, seine Sprache und Kultur, obwohl Saramago nach dem Jesus-Roman öffentlich als Gefährdung für die katholische Kirche in Portugal bezeichnet worden war. Das jahrhundertealte portugiesische Ressentiment gegenüber dem mächtigen Nachbarn Spanien wurde so auf dem Rücken eines Autors ausgetragen, der sich schon mit seinem Roman *Das steinerne Floß* für eine gemeinsame Richtung der beiden, auf der Iberischen Halbinsel beheimateten Nationen ausgesprochen hatte. Inzwischen ist dem Nobelpreisträger im berühmten Restaurant Martinho da Arcada sogar ein Tisch gewidmet worden, der angeblich sein Stammplatz gewesen sein soll.

ZEUGEN. Auch ein Wahlportugiese italienischer Herkunft, António Tabucchi, hat mit *Erklärt Pereira* die Zeit des Estado Novo, dessen Mitläufer und zaghafte Versuche eines Widerstands thematisiert. Der passive und herzkranke Kulturredakteur Pereira gerät eher unfreiwillig in eine Kette von Geschehnissen, die ihn zu einer gewagten Aktion veranlassen. Auch Tabucchi bedient sich der sprechenden Lissabonner Straßennamen, um Stimmung zu schaffen: So wohnt der melancholische und seiner toten Frau nachtrauernde Redakteur in der Rua do Saudade und besucht ein Fest auf der Praça da Alegria, dem Platz der Freude. Die Lage im Lissabonner Sommer 1938 ist aber, nach dem gewaltsamen Tod eines Sozialisten, weniger fröhlich als gedrückt: »Das Land schwieg, es konnte gar nichts anderes als schweigen, und derweil starben die Leute, und die Polizei spielte sich als Machthaber auf.« Es kommt sogar zu Ausfällen gegen jüdische Geschäfte, wie Pereira bemerkt. Von den Intellektuellen werden solche Eskalationen aber kaum ernst genommen. Die Portugiesen seien im Gegensatz zu den Deutschen keine Fanatiker, »das Klima ist unseren politischen Ideen nicht zuträglich«, erklärt ihm ein befreundeter Literaturprofessor. Nur in der *British Bar* trifft Pereira auf einen Künstler und einen Schriftsteller, die erwägen, nach Paris ins Exil zu gehen. Der Kulturjournalist Pereira gibt – nicht aus politischen Motiven, sondern aus menschlicher Sympathie – dem von der Geheimpolizei gesuchten Kommunisten Monteiro Rossi die Gelegenheit, Artikel zu verfassen, die er wegen ihres brisanten Inhalts aber nicht drucken kann, und versteckt ihn schließlich in seiner Wohnung. Je mehr Pereira mit Zensur und Unterdrückung in Berührung kommt, desto mehr verwickelt er sich sogar öffentlich in Diskussionen, die seinen Unmut darüber deutlich machen. So ermahnt der Herausgeber seiner Zeitung ihn, den Liebhaber französischer Literatur, sich doch wieder auf portugiesische Autoren zu konzentrieren. Das Staatssekretariat für Propaganda habe beschlossen, den Todestag des Nationaldichters Camões mit dem neu geschaffenen Tag der Rasse zusammenfallen zu lassen. Pereira bezweifelt aber, ob die portugiesische Rasse überhaupt existiert: »Wir waren ursprünglich Lusitanier, dann kamen die Römer und die Kelten, dann kamen die Araber, was für eine Rasse sollen wir Portugiesen feiern?«

Als die Geheimpolizei Monteiro Rossi in Pereiras Wohnung aufgreift, wird er beim Verhör körperlich derart misshandelt, dass er stirbt. Pereira ist daraufhin so empört, dass er beschließt, das brutale Vorgehen öffentlich zu machen. Er überlistet die Zensur, indem er in letzter Minute in der Druckerei erscheint und sich mittels eines fingierten Anrufs die Erlaubnis zum Druck des Nachrufs auf Monteiro Rossi holt. Da er die Geheimpolizei als Schuldigen für den Tod seines Schützlings anprangert, plant Pereira, nach Paris zu fliehen, um den Konsequenzen seines Verstoßes gegen die Zensur zu entgehen.

Die Ereignisse des Romans basieren auf einer wahren Begebenheit. Der Name des Protagonisten Pereira bedeutet Birnbaum und ist jüdischer Herkunft. António Tabucchi wollte damit der jüdischen Bevölkerung Portugals seine Ehrerbietung erweisen, die im 15. Jahrhundert vertrieben worden war.

Marcello Mastroianni in dem Film Erklärt Pereira

In der Verfilmung des Romans mit Marcello Mastroianni ist Lissabon feucht und schwül. Ein müder Pereira – es war des Schauspielers vorletzte Rolle – läuft durch die Straßen, versteckt sich vor einer spionierenden Concierge, spricht mit dem Foto seiner verstorbenen Frau und trinkt in seinem Stammcafé Zitronenlimonade gegen die Hitze.

NEUTRAL? Dass das von der Weltgeschichte wie vergessen wirkende Lissabon mit dem Heraufkommen des Nationalsozialismus in Deutschland und Österreich Schauplatz dramatischer Flüchtlingsschicksale war, ist wenig bekannt. Manch einer erinnert sich vielleicht an Erich Maria Remarques Roman *Die Nacht von Lissabon*, aber gemeinhin wird die romantische Stadt am Atlantik nicht mit der dunklen Zeit vor und während des Zweiten Weltkriegs in Verbindung gebracht.

Erst in den letzten Jahren ist mit einer Aufarbeitung dieses Kapitels portugiesischer Geschichte begonnen worden. Grundlage für Lissabons Rolle als Transitort der Flüchtlinge in Richtung Übersee bildete neben seiner Funktion als Hafenstadt die von Salazar geschickt eingesetzte Neutralität Portugals, welche nicht zuletzt durch die geopolitische Lage des Landes begünstigt wurde. Eine Intervention der Alliierten von der Iberischen Halbinsel aus machte wenig Sinn, da die schmale Passage über die Pyrenäen von den deutschen Truppen leicht hätte blockiert werden können. Von strategischer Bedeutung in der Endphase des Krieges war bloß die Inselgruppe der Azoren, die als Station einer transatlantischen Luftbrücke von den USA genutzt wurde. Die Neutralität Portugals war also weniger eine freie Entscheidung Salazars als das Ergebnis der internationalen Lage in den verschiedenen Stadien des Zweiten Weltkriegs.

Die offizielle portugiesische Position war nämlich im Grunde vom uralten Selbstverständnis einer Ausrichtung aufs Meer geleitet, was die Hinwendung zu Großbritannien als Verbündetem nahe legte und die Anbindung zum Kontinent einmal mehr vernachlässigte. Ausschlaggebend war auch die jahrhundertelange Rivalität mit Spanien, das zudem seit dem Spanischen Bürgerkrieg eine gesteigerte Gefahr für eine mögliche Invasion darstellte. Die portugiesische Regierung schätzte die »Roten« als so gefährlich ein, dass sie in den Anfängen des Bürgerkriegs sogar eine Unterstützung der spanischen Nationalisten befürwortete. Waffen und Munition fanden ihren Weg über portugiesisches Territorium in den Norden Spaniens, da mit dem Sieg der Aufständischen das Überschwappen der Bewegung auf Portugal befürchtet wurde. Das Land begab sich damit in eine Zwickmühle: Von England wegen dieser Hilfe für ein pro-deutsches Regime in Spanien kritisiert, wollte es dennoch einer Revolution auf der Iberischen Halbinsel entgegenwirken. Die Verbindungen zu England kühlten in der Folge ab und 1937 entschied sich Portugal dazu, mit deutschem Material aufzurüsten. Waffen, Fahrzeuge, Munition, Flugzeuge wurden aus Nazideutschland und dem faschistischen Italien eingeführt. Diese Aufrüstung konnte aber den großen militärischen Rückstand Portugals nicht wettmachen. So zeigte etwa ein Bericht von 1940, dass das Land einer Invasion im Ernstfall nur drei Tage hätte standhalten können. Eine entscheidende Rolle spielte Portugal allerdings wegen eines für die Waffenproduktion wichtigen Bodenschatzes, Wolfram, von dem es große Vorkommen besaß und das es an Deutschland und England, später die Alliierten verkaufte. Erst Mitte 1944 stimmte Portugal auf Druck der Alliierten einem Lieferstopp an Deutschland zu.

TRANSIT. Der Bedrohung durch die Vorgänge in Spanien versuchte Portugal durch strenge Grenzkontrollen entgegenzutreten. Es sollte verhindert werden, dass »rote« Republikaner, »subversive« Ausländer sowie Spione und Provokateure ins Land geschleust würden. Ohnehin zielte die offizielle Politik des Estado Novo auf Abkapselung und Autarkie, Misstrauen gegenüber allem Nichtportugiesischen, wobei sich besonders die PVDE, die portugiesische Geheimpolizei, bei der Abwehr von gefährdenden Einflüssen hervortat. Die ideologische Nähe und Sympathie für Nazideutschland mag absurd erscheinen lassen, dass gerade Portugal nach der Kristallnacht Ende 1938 für kurze Zeit zu einer Durchgangsstation für jüdische und politische Flüchtlinge werden konnte. Schwer gemacht wurde der Aufenthalt den Vertriebenen weniger, weil sie Juden waren, sondern weil sie als Fremde das Nationalgefüge Portugals politisch und moralisch beeinträchtigen konnten. Einige höhere Beamte der Geheimpolizei beschuldigten jüdische Flüchtlinge sogar, »internationale Abenteurer« oder für Deutschland arbeitende Spione zu sein, und verlangten verschärfte Einreisebedingungen, als ob die Geflohenen ihre Hei-

Flüchtlingskinder auf dem Transit nach Amerika, Ankunft in Lissabon, 5. März 1944

mat freiwillig verlassen hätten. Nachdem die Nationalsozialisten im Sommer 1940 schließlich in Paris eingefallen waren, durften von den portugiesischen Konsulaten nur mehr Einmonatsvisa ausgestellt werden und diese lediglich für Flüchtlinge mit gültigen Weiterreise-Tickets sowie einem bestätigten Einreisevisum für das Drittland.

Von den portugiesischen Diplomaten in den besetzten Ländern, die sich diesen Weisungen widersetzten, ist vor allem Aristides de Sousa Mendes zu erwähnen. Der Konsul von Bordeaux stellte in drei Tagen nach dem deutschen Einmarsch in Paris allein Tausenden von Flüchtlingen Gratisvisa aus und wies seine Kollegen in Toulouse, Bayonne und Brüssel an, dasselbe zu tun. Die Historikerin Irene Flunser Pimentel schreibt dazu: »Am 14. Juni wurde Paris besetzt und Salazar begrenzte die Visaerlaubnis auf solche Personen, die ein Visa für ihr Bestimmungsland sowie ein bezahltes Weiterreise-Ticket vorweisen konnten. Innerhalb von drei Tagen hatten sich 700 000 Flüchtlinge in Bordeaux eingefunden. Aristides de Sousa Mendes aber entschied, allen Einreichenden Visa zu gewähren, ohne Einschränkungen religiöser, politischer oder ›rassischer‹ Art. Er war überzeugt, dass es unmoralisch und verfassungswidrig sei, die Ansuchenden zu fragen, ob sie Juden seien, und glaubte, dass dies der geeignete historische Augenblick für Portugal wäre, die 1497 erfolgte Vertreibung der Juden wieder gutzumachen.«

Sousa Mendes begab sich in der Folge sogar an den Grenzbahnhof Hendaye, wo er weiterhin Visa ausstellte, obwohl die portugiesischen Behörden inzwischen versucht hatten, die spanische Polizei anzuweisen, dass die so gewährten Visa ungültig wären. Der mutige Konsul wurde vom Dienst suspendiert, doch seine Aktion hatte Tausenden von Flüchtlingen, die den offiziellen Bestimmungen nicht genügten, zur Ausreise nach Portugal verholfen.

HAFEN. Lissabon als einzig verbliebener neutraler Hafen mit Schiffsverkehr nach Übersee wurde für die Flüchtlinge zur Stadt des Wartens – auf Geld, auf gültige Einreisevisa, auf Bürgschaften aus dem begehrten Zielland und auf einen Platz zur Überfahrt nach Nord- oder Südamerika. Da die portugiesische Aufenthaltsgenehmigung aber oft schon auslief, bevor alle Papiere zusammen waren, wurden die Wartenden leicht zu Illegalen und waren vor Kontrollen auf der Flucht. Remarque beschreibt die Hauptstadt in *Die Nacht von Lissabon* als Ort des Exils, des Transits, der Entscheidung und nicht zuletzt der Spionage. Lissabon gibt hier nur den Rahmen für eine Passage, die woandershin geht. Die Stadt symbolisiert den letzten Rand Europas, der sich von den Vorgängen auf dem Kontinent vor allem darin unterscheidet, dass nachts nicht verdunkelt wird, weil hier keine Bombenangriffe drohen. Der nächtliche Gang durch Lissabon führt den Flüchtling unter anderem in ein Fado-Lokal und einen Nachtklub russischer Emigranten, der voll von Spionen, Botschaftspersonal und Angestellten deutscher, in Portugal niedergelassener Firmen ist, bis er unerwartet den »bösen Traum« Europa rechtzeitig verlassen kann. Remarque versucht in diesem Roman das Schicksal des Emigranten dem »Dasein des modernen Menschen« gleichzusetzen: »… äußerste Unsicherheit kann, wenn sie nicht zum Tode führt, zu einer Sicherheit führen, die nicht zu erschüttern ist.«

Weniger pathetisch beschrieben die tatsächlichen Flüchtlinge ihren von Verfolgung bedrohten Alltag in Lissabon. Teile der Geheimpolizei PVDE kollaborierten nämlich mit der deutschen Gestapo, die sogar in Portugal noch versuchte, politische Gegner festzusetzen. So wurde zum Beispiel der Publizist Berthold Jacobs in Lissabon aufgegriffen, nach Deutschland verschleppt und dort zu Tode gefoltert. Regelmäßig ließ auch SS-Sturmbannführer Schröder Razzien in den Cafés am Rossio, die zu Treffpunkten der Vertriebenen wurden, durchführen. In den deutschen Firmen, die in Lissabon ansässig waren, gab es unter den regimetreuen Angestellten Agenten der Gestapo. Oft wurden die jüdischen Flüchtlinge von den Behörden mit Kommunisten gleichgesetzt und zusätzlichen Schikanen unterworfen. Es gab Warnungen von portugiesischer Seite an Schiffsgesellschaften, keine Fahrkarten an Juden zu verkaufen, da sie sonst an der Abreise gehindert würden. War ein Visum abgelaufen, wurden die Flüchtlinge ab 1942 in so genannte *residências fixas*, wie in den Küstenorten, Caldas da Rainha und Ericeira, überstellt, aus denen sie sich ohne Erlaubnis nicht entfernen durften.

HILFE. Da der portugiesische Staat kein Geld für die Flüchtlinge zur Verfügung stellte, spielten bei der Bewältigung all ihrer Schwierigkeiten Hilfsorganisationen wie das amerikanische *Joint Distribution Committee*, jüdische Vereinigungen wie *Hias/Hicem* oder *Comassis* eine wichtige Rolle. Die portugiesisch-jüdische Organisation *Comassis* unterstützte fast 40 000 Flüchtlinge mit Essen, Unterkunft, Kleidung und medizinischer Hilfe. Eine Suppenküche in der Travessa de Noronha schenkte tägliche Mahlzeiten aus, angeblich soll sogar der mutige ehemalige Konsul Aristides de Sousa Mendes hier zeitweise aufgetaucht sein. Die Organisationen kümmerten sich um die Verlängerung von Aufenthaltsgenehmigungen, um die Einreisegenehmigungen in Drittländer sowie um die illegalen oder durch Ablauf ihres Visums illegal gewordenen Flüchtlinge in den *residências fixas*. Diese konnten ihre Angelegenheiten schwer in die eigene Hand nehmen, da sie unter besonderer Bewachung standen. Um bei den Lissabonner Behörden vorsprechen zu können, brauchten sie eigene Genehmigungen, die ihnen das Verlassen ihres Wohnsitzes für ein paar Stunden erlaubten.

Dennoch wurden von den Vertriebenen immer wieder die angenehmen Seiten Lissabons betont und der Aufenthalt als erstes kurzes Aufatmen nach ihrer Flucht über die Pyrenäen beschrieben. Der Großstadtdichter Alfred Döblin wohnte 1940 in der Pension Glória und war beeindruckt von der portugiesischen Lust am Lärm: »Lissabon ist, industriell gesprochen, ein moderner Großbetrieb zur Erzeugung von Lärm.« Er erwähnt die Geräuschentwicklung der Straßenbahnen, der Jungen, die ihre Waren ausrufen, der Autos, die eine ihm unverständliche Sprache sprechen, das Knallen der Pferdehufeisen aufs Pflaster, die musizierenden, singenden, laut sprechenden Menschen. Anatomisch ausführlich beschreibt der Arzt Döblin die portugiesische Art des Spuckens, die in der Tat gewöhnungsbedürftig ist und damals noch stärker verbreitet schien als heutzutage im europäischen Portugal. »Das ist ein anfängliches Räuspern, ein Fauchen und Sammeln in den oberen Teilen des Nasen-Rachenraumes, wonach die eigentliche Arbeit einsetzt. (...) Je nach Angriffspunkt begleitet die Arbeit ein Krächzen, Röcheln und Würgen. Zuletzt kommt es zu Explosionen, zum Ausstoßen des mühsam zusammengekratzten Besitzes.« Neben dem archaisch oder fast orientalisch anmutenden Geschäfts- und Markttreiben erwähnt Döblin aber auch die harte Wirklichkeit des Wartens auf die Überfahrt, versinnbildlicht durch den täglichen Gang zur Hauptpost am Terreiro do Paço. Wie viele andere Flüchtlinge wartete er dort am *poste restante*-Schalter auf überlebensnotwendige Geldsendungen und Nachrichten, von denen das weitere Schicksal abhing. Lissabon wurde für Döblin und andere Vertriebene zur Geduldsprobe, zur Lehre im ergebenen Warten, zu einem Überfluss an Zeit, die man nicht nützen konnte und in der es kaum Veränderungen gab: »Man blieb viel in der heißen, engen und lärmenden Pension. Der Junge trug zerrissene Schuhe; man wagte nicht, sie besohlen zu lassen. Man hatte keine Wäsche. Wir trugen noch die wollenen Sachen aus Frankreich, die nicht zu der subtropischen Temperatur passten. Von Kino und anderer Unterhaltung konnte keine Rede sein. Es war gewiss Entspannung nach den schlimmen letzten Wochen, aber ein träges, brütendes Entspannen.«

Alma Mahler-Werfel erinnerte sich hingegen an Lissabon als paradiesisch ruhig. Sie muss wohl in einem besseren Hotel untergekommen sein. Heinrich Mann war erstaunt, dass man ihn nicht einmal nach seinem gefälschten Pass fragte, als er von Madrid kommend mit dem Flugzeug landete. Zu den bekannten Autoren, Musikern, Künstlern und Intellektuellen, die in Lissabon oder Estoril Station machten, sind unter anderen zu zählen: Anna Freud, Belá Bartók, Darius Milhaud, Marc Chagall, Max Ernst, Arthur Koestler, Walter Mehring, Franz Blei, Hans Sahl, Lion Feuchtwanger, Friedrich Torberg und Stefan Zweig.

In Erika Manns Bericht *Gestrandet in Lissabon* überwiegt ebenfalls der Eindruck einer »Wartehalle« für Hitler-Flüchtlinge, einer »Metropole der Verfolgten«, die vom Elend Europas nicht ausgenommen ist. Überall, wohin die Autorin kommt, ob vor der Ausländerpolizei, ob vorm amerikanischen Konsulat, trifft sie auf Warteschlangen. In einem Café, vermutlich der am Rossio gelegenen noch heute bekannten Konditorei Suiça, begegnet sie weiteren Wartenden aus verschiedenen Ländern Europas, die hier zusammenkommen, um die neuesten Entwicklungen zu erfahren und sich in mehreren Sprachen über ihre Fluchtgeschichten und Hoffnungen auszutauschen.

FREMDE. Obwohl Portugal offiziell neutral war, wurde es von den verschiedenen Kriegsparteien als Bühne ihrer Propaganda genutzt, wie sich der Vertriebene Alexander Scheer erinnert: »Im Schaufenster einer Buchhandlung lagen sechs englische Bücher, daneben sechs Naziwerke, am Rossio mieteten die Nazis ein Fenster für ihre Propaganda, daneben die Engländer eines für die ihre, (…) an den Kiosken liegen die Blätter der beiden kriegsführenden Länder nebeneinander.« Zehntausende von Flüchtlingen veränderten das Lissabonner Stadtbild um Baixa, Chiado und Avenida, die Unterkünfte wurden rar, wie Eugen Tillinger in einem Artikel der deutsch-jüdischen Zeitung *Aufbau* beschreibt. Sogar Matratzen und Badezimmer wurden vermietet und Hoteliers, Pensions-, Café- und Restaurantbesitzer schlugen Profite aus der Not der Fremden, die oft ihre letzten wertvollen Stücke in Leihhäusern versetzten. Für begrenzte Zeit erhielt Lissabon den Anschein einer europäischen Metropole und schmückte sich mit dem Image der Freiheit. Immerhin besteigt Ingrid Bergman im Kultfilm *Casablanca* ein Flugzeug, das sie von Marokko nach Lissabon bringen wird, wenn auch der coole Rick Blane auf die Frage, ob er etwa mitfliegen wolle, antwortet: »Why? What's in Lisbon?« Für viele bedeutete die Stadt am Rand Europas schließlich, wenn die Weiterfahrt garantiert war, das letzte Bild des Kontinents, das ihnen im Gedächtnis blieb, wenn sie endlich in eine ungewisse Zukunft aufbrachen. Auf portugiesischen Schiffen wie der *Serpa Pinto*, der *Nyassa* oder der *São Tomé* begaben sie sich auf die Reise nach Nord- oder Südamerika. Hans Natonek schreibt, dass dieser Blick von Bord zum Abschied seine Erinnerung an Europa auszulöschen schien.

ANDERE SITTEN. Das Milieu von Spionage, Kreuzungsweg dramatischer Schicksale, Schmuggel, gefälschter Identitäten und Bestechung böte genug Stoff für Romane, von denen es mit Ausnahme der Krimis des Amerikaners Robert Wilson erstaunlich wenige gibt. Der Portugiese Alexandre Babo erinnert sich an die durch die Fremden in die Stadt gebrachten Moden und Gewohnheiten, an die Frauen in der Konditorei Suiça, die sich nicht scheuten, an Tischen und auf

100

Bänken im Freien zu sitzen, die rauchten, weder Hüte noch Handschuhe und ihre Röcke kürzer als die Portugiesinnen trugen. Rasch übernahmen die Einheimischen modische Anregungen wie Turban, Kurzhaarschnitt, Korksohlen und kurzärmelige Kleider. Alexandre Babo spricht daher von der Zeit vor und nach den Flüchtlingen, um die von ihnen eingeleiteten Veränderungen zu betonen. Diese Entwicklungen wurden von offizieller Seite mit großem Misstrauen beobachtet, da die Störung von Gebräuchen, Werten und kulturellen wie politischen Ansichten als staatsgefährdend angesehen wurden, ein Einfluss oder wie man es dramatisch und organisch nannte, eine Ansteckungsgefahr, die den Bestrebungen des Estado Novo nach Autarkie und Isolation Portugals widersprach. »Der Estado Novo war weniger eine Ideologie als eine Mentalität, die geschaffen worden war, um in praktischer Form ihren Ausdruck innerhalb der Gesellschaft zu finden«, schreibt die Historikerin Maria João Martins. Diese Denkart sollte alle Aspekte des portugiesischen Alltags umfassen sowie die Rolle der Frau in Familie und Staat definieren. Damit wurde ihre Sexualität funktionalisiert, die es nur geben durfte, um für Nation und Kirche Kinder zu zeugen. Für die Öffentlichkeit waren die Reize des weiblichen Körpers nicht bestimmt. Die halb nackten Europäer an den Stränden stellten daher einen so großen Eklat dar, dass sich das Innenministerium 1941 bemüßigt sah, ein Gesetz zu erlassen, wonach es Frauen nur mit Unterrock und Männern nur mit bedecktem Oberkörper erlaubt war, in die Fluten zu steigen.

Doch schon allein das Sitzen im Freien schien befremdend, wie Ruth Arons sich erinnert, die als Kind nach Lissabon gekommen war. Ihre Mutter erregte Aufsehen nur, weil sie sich, als sie vor der Schule auf ihre Tochter wartete, ohne Hut auf einer Bank niedergelassen hatte. Auch der Autor Alves Redol erzählt vom Staunen der Portugiesen über die Freizügigkeit der Fremden: »Auf Verlangen der Ausländer, die aus Ländern ohne Sonne kamen und sich wieder für das Leben erwärmen wollten, stellte man Stühle auf den Gehsteig. Und die Ausländerinnen setzten sich da hin, lasen, plauderten und kämpften gegen ihre Angst und ihre Einsamkeit. Sie zeigten dabei völlig schamlos Beine und Oberschenkel, dass den Einheimischen die Augen übergingen.«

Dieses – in den Augen der von der Diktatur indoktrinierten Portugiesen – verführerische Verhalten wirkte allzu aufreizend. Die fremden Frauen, von hellerer Hautfarbe und mit kunstvollen Frisuren, zu denen sie ihr blondes oder rotes Haar getürmt hatten, fielen auf, wenn sie sich sonntags wie die Einheimischen in den Parque Mayer begaben oder auf der Avenida und im Park Eduardo VII flanierten. Die Flüchtlinge mit großzügigerem Budget konnten sich die Zeit immerhin mit Besichtigungstouren in die Umgebung wie nach Sintra oder Loures vertreiben.

KÜSTE. Viele der illustren Gäste auf Durchreise blieben nicht in der Innenstadt Lissabons, sondern residierten in Luxushotels und vornehmen Wohnsitzen entlang der Küstenlinie, vor allem in Cascais und Estoril. Während sich in Europa der Krieg ausweitete, florierten die kleinen Küstenstädte im Umkreis Lissabons wegen der ansteigenden Zahl der Flüchtlinge. An einige dieser Orte allerdings waren die Fremden nicht freiwillig geraten. Die Abschiebeunterkünfte in Ericeira für diejenigen, deren Visa abgelaufen waren oder die weder Geld noch Papiere besaßen, waren dabei angenehmer zu ertragen als die schlimmste Station in Caxias, wo sich das Gefängnis der Geheimpolizei PVDE befand und wohin politisch Verdächtige und Flüchtlinge ohne Papiere gebracht wurden.

In São João de Estoril sind heute noch die heruntergekommenen Mauern eines Kinderheims zu sehen, das von der Tageszeitung *O Século* zur Verfügung gestellt wurde, um den Kindern der Emigranten ein paar angenehme Tage vor ihrer Weiterreise zu ermöglichen.

Die besser gestellten Flüchtlinge konnten sich ihre Wartezeit sogar mit den üblichen Annehmlichkeiten vertreiben. Sie besuchten das Casino in Estoril, spazierten auf den Esplanaden, atmeten die gute Atlantikluft, spielten Tennis, wetteten an der Rennbahn, besuchten Konzerte, nahmen an Autorennen teil. Die Grundlagen für diese luxuriösen Freizeitaktivitäten wurden Anfang des 20. Jahrhunderts geschaffen, nachdem die königliche Familie sich entschlossen hatte, in Cascais eine weitere Residenz zu bauen, und das bis dahin bescheidene Fischerdorf sich anschickte, sich in einen zeit- und standesgemäßen Badeort zu verwandeln. Das benachbarte Estoril folgte bald nach, errichtete die damals fashionablen Grandhotels, wie das Hotel Palácio, Golfplätze, das Casino, Parkanlagen, Promenaden. Der touristische Zulauf verstärkte sich mit dem Ausbau der Vorortebahnlinie, sodass das Hotel Palácio 1925 sogar Endstation des aus Paris kommenden Süd-Express bildete. Ende der dreißiger Jahre verfügte Estoril schon über mehrere vornehme Hotels wie das Hotel do Parque, das Hotel de Inglaterra, das Grande Hotel do Monte oder das Hotel Atlântico. Vor dem Ausbruch des Spanischen Bürgerkriegs wurde der Küstenstreifen dann zum beliebten Aufenthaltsort für reiche spanische Flüchtlinge, die es vorzogen, der Bedrohung im eigenen Land in Luxus zu entfliehen. Die spanische »Kolonie« war anscheinend so zahlreich, dass man die Region scherzhaft als zweites Hauptquartier der nationalistischen Truppen bezeichnete. Eine auffällige Präsenz, wie aus einer zeitgenössischen Quelle ersichtlich wird: »Im *Tamarit* (einem Strandrestaurant in Estoril) tranken vier Falangisten Aperitifs, in die für ihre politische Organisation typischen Hemden gekleidet und vor sich 6 Gewehrkugeln am Tisch, um sich interessant zu machen. Sie

Der Komponist Franz Schreker (1878–1934)

sagten, dass sie von der Front in Gadarrama kamen, zwei von ihnen wurden dort verwundet und hatten sich im Hotel Palácio in Estoril gesund pflegen lassen.«

ESTORIL. 1931 schon war der deutsch-österreichische Komponist Franz Schreker, aus der Generation von Krenek, Haba und Brand, deren Partituren in der Nazi-Ausstellung *Entartete Musik* diffamiert wurden, nach Estoril gekommen. Schreker wollte allerdings nicht weiterziehen und kaufte sogar ein Haus, um zu bleiben. Über seinen Aufenthalt berichtet die Tochter Haidy Schreker-Bures in ihren Memoiren *Spaziergang durch ein Leben*. Als jüdische Schauspielerin konnte sie in Deutschland keine Engagements mehr bekommen und so arbeitete sie in Portugal als Krankenschwester. Das einstöckige Haus der Schrekers lag auf einer Anhöhe und blieb wegen des fehlenden Drucks oft ohne Wasser, das man sodann in großen

104

Kanistern aus dem Dorf heraufschleppen musste. Die Ehefrau Schrekers litt vor allem unter dem trockenen Wind; sie vermisste die grünen Landschaften Mitteleuropas und konnte mit Agaven und Kakteen nichts anfangen. Der Tochter wurde die anfängliche Begeisterung für das portugiesische Paradies durch Invasionen von Ameisen verdorben. Sie erzählt, dass ihre Mutter sogar nachts aufwachte und das Kopfkissen voll schwarzer Insekten fand. Doch Schreker, der sich um die mondäne Welt in Hotels und Casinos nicht kümmerte, fand genügend Ruhe, um zu komponieren. Sein letztes Werk, *Vorspiel zu einer großen Oper*, entstand in Estoril. 1934 starb er an den Folgen einer Thrombose, die Familie verkaufte das Haus und wanderte nach Buenos Aires aus.

Ab Juni 1940 stieg dann die Zahl der Flüchtlinge in Cascais und Estoril dramatisch. Eine vor kurzem veröffentlichte Sammlung der Hotelanmeldescheine aus jener Zeit verdeutlicht, dass die Region damit zum Treffpunkt für Diplomaten aus aller Herren Länder geworden war, was wiederum Geheimdienstleuten und Spionen ein reiches Feld bot. Ian Fleming, Krimiautor und Erfinder von James Bond, stieg 1941 im Hotel Palácio ab, wo er angeblich durch den realen Spion Dusan Popov zu seiner berühmten 007-Figur angeregt worden war. Deutsche Spione versuchten Informationen zur Abwehr des Feindes an Spieltischen und in Hotelhallen zu sammeln. Als Absteige bevorzugten sie das Hotel Atlântico in Monte Estoril, von dem es sogar ein Foto mit gehisster Hakenkreuzfahne gibt, während die Agenten der Alliierten sich meist im Hotel Palácio aufhielten. 1940 gab es einen Plan, den bei einem Besuch in Estoril weilenden Herzog von Windsor zu entführen, um ihn im Fall einer deutschen Landung in Großbritannien als Geisel zu benutzen. Dafür arbeitete der deutsche Sicherheitsdienstmann Walter Schellenberg mit PVDE-Agenten zusammen. Schellenberg wurde aber anscheinend von Zweifeln befallen und schrieb dem Herzog anonyme Briefe, in denen er vor einer Gefahr warnte, sodass dieser rasch weiterreiste und die Deutschen nicht mehr zugreifen konnten.

Eine aufschlussreiche Beschreibung der Stimmung von 1940 gibt der französische Autor Antoine de Saint-Exupéry, der den Winter desselben Jahres in Estoril verbrachte und vor allem die Künstlichkeit des aufgeregten Lebensstils der Fremden wahrnahm, sowie die Illusion der Weltläufigkeit, der sich Lissabon hingab: »Lissabon kam mir wie eine Art helles und tristes Paradies vor. Portugal versuchte mit seinem Ablauf von Abendessen, Lichtern und Musik an das Glück zu glauben. Menschen spielten glücklich sein in Lissabon, damit auch Gott daran glauben sollte. Das Meer von Estoril, das Meer eines Kurortes, ein gezähmter Ozean, schien Teil dieses Spiels zu sein. Es warf eine einzige weiche Welle in die Bucht, glitzerte im Mondlicht, ein wenig wie ein Abendkleid, das aus der Mode gekommen war.«

FREMDE HIMMEL. Nicht alle jüdischen Flüchtlinge verließen Portugal. Der 1939 nach Portugal geflohene Deutsche Karl Buchholz zum Beispiel gründete die gleichnamige *Livraria* in der Rua do Duque de Palmela. Bis heute bildet sie eine Oase deutscher Kultur inmitten Lissabons und gleichzeitig ein Zentrum des städtischen literarischen Lebens. Schon von Beginn an wurde die Buchhandlung von portugiesischen Autoren als willkommener Beitrag zu einer Internationalisierung wahrgenommen, wie der Autor David Mourão-Ferreira berichtet: »Die Eröffnung der Buchholz war ein Ereignis, denn es war eine – vor allem mit ausländischen Büchern – sehr gut ausgestattete Buchhandlung. Trotz des Krieges erreichten uns ausländische Neuerscheinungen, zum Teil sogar schneller, als es heute in einigen Lissabonner Buchhandlungen der Fall ist.« Über die neuesten Angebote und Veranstaltungen in der *Livraria* informiert nun auch das Internet. Ein Besuch in den mit Ausgaben aller Zeiten voll gestopften Räumen der Buchhandlung ist jedem anzuraten, der auf der Suche nach verborgenen Schätzen und Erinnerungen ist.

Die Schriftstellerin Ilse Losa, die 1935 durch Heirat die portugiesische Staatsbürgerschaft erhielt, blieb ebenfalls. In Deutschland war ihr nach einem Verhör der Gestapo klar geworden, dass sie als Jüdin nicht mehr zu den Deutschen gezählt wurde: »Die Juden waren ja Deutsche. Aber dann wurde es eben damals getrennt und es kam zu einem Bewusstsein, da gehöre ich nicht dazu.« Losa dokumentiert in ihrem Roman *Unter fremden Himmeln* die Situation der Emigranten im Portugal der dreißiger und vierziger Jahre. Die Unterschiede der Sitten und Gebräuche, der Jahreszeiten, die Bürokratie und die Skepsis der Portugiesen gegenüber Fremden machen den Vertriebenen zu schaffen: »Hier kann ein Mädchen nach dem Abendessen nicht allein auf die Straße gehen, wenn es nicht für eine Hure gehalten werden will. In den scheußlichen Cafés sitzen nur Männer, und im Lyzeum muss man alles auswendig herunterleiern und immerzu Prüfungen machen.« Während die portugiesischen Männer die fremden Mädchen mit Neugier betrachten, fühlen sich die Portugiesinnen durch die vermeintliche Freizügigkeit der Rivalinnen bedroht. Von den Problemen der Vertriebenen, die sich mit der Beschaffung von Visa, Pässen, Fahrkarten herumschlagen müssen, wissen die Einheimischen kaum, zum Teil auch, weil diese von staatlicher Seite geheim gehalten wurde. So durften die von Ilse Losa geschilderten Heime für die Flüchtlinge ohne Papiere in der portugiesischen Fassung des Romans, der 1962 während der Diktatur erschien, nicht erwähnt werden. Nur die deutsche Ausgabe konnte unzensiert erscheinen.

EXIL. Jene Flüchtlinge, die sich entschieden, in Portugal zu bleiben, mussten mit dem Gefühl ihres Entwurzeltseins zurechtkommen, der Gewissheit, nirgends hinzugehören, wie Ilse Losa in *Unter fremden Himmeln* schildert. Die Wahrnehmung der Außenwelt des Protagonisten Josef erhält so einen irrealen Anschein, er sieht sich als »Komparse, der die Bühne nicht betreten, sondern nur in den Kulissen sterben darf.« Nur mehr die deutsche Sprache bleibt als Ort, an dem man sich vertraut fühlt, wie die Autorin Losa in einem Interview betont: »Denn Sprache ist ja Heimat, dieses furchtbare Wort.«

Ilse Losa ist eine der wenigen noch lebenden literarischen Zeuginnen jener unheilvollen Zeit. Als Autorin von Kinderbüchern, Verlagslektorin und Übersetzerin hat sie jahrzehntelang die Rolle einer Vermittlerin zwischen den Sprachen und Kulturen übernommen. Unter anderem übertrug sie Werke von Bertolt Brecht, Thomas Mann, Max Frisch, Anna Seghers ins Portugiesische. Sie schreibt und veröffentlicht heute fast ausschließlich in portugiesischer Sprache.

Seit 1999 gibt es im *Espaço Memória dos Exilíos* im Postgebäude von Estoril eine kleine Ausstellung, die die Geschichte der illustren und der weniger bekannten Flüchtlinge, die sich in der Region aufhielten, dokumentiert. Erinnerungen an Berühmtheiten aus Kultur, Kunst und Wissenschaft sowie an nicht wenige illustre Mitglieder europäischer Königshäuser werden nebeneinander gezeigt. Die Könige von Rumänien, von Italien, die Großherzöge von Habsburg sowie der Vater des heutigen spanischen Königs Juan Carlos I. verbrachten ihr Exil in Estoril und Umgebung. Der Jachtklub von Estoril soll vom segelfreudigen Juan Carlos initiiert worden sein. Eine kleine Bibliothek jüdischer Autoren und Memoiren ergänzt die Präsentation. Zudem gibt es wechselnde Ausstellungen zu Themen, die vor allem die Außenbeziehungen Portugals dokumentieren sollen, wie kürzlich eine Sammlung zu Wenceslau de

Morães, Botschafter in Japan und Übersetzer vieler japanischer Werke. Das in den Archiven von Estoril und Cascais vorhandene Material zu jener spannenden Zeit vor und während des Zweiten Weltkriegs ist bei weitem nicht aufgearbeitet und böte genügend Stoff für eine ausführliche Geschichte des Exils in Lissabon.

NAZIGOLD. Neben den Geschäften mit Wolfram soll das neutrale Portugal zudem zwecks tonnenschwerer Goldlieferungen zweifelhafte Verbindungen zu Nazideutschland unterhalten haben, deren verschlungene Wege bis heute nicht ganz erforscht sind. Der vom Finanzminister zum Diktator aufgestiegene Salazar wollte die portugiesische Währung gedeckt wissen und bemühte sich um jeden Preis, Gold für die Nationalbank *Banco de Portugal* einzukaufen. Da Nazideutschland Wolfram benötigte und Gold dafür zu geben bereit war, schien der Handel perfekt. Nur war das von Deutschland angebotene Wertmetall meist auf verbrecherische Weise in den Besitz der Nazis gelangt. Die Bankiers der neutralen Staaten waren also daran interessiert, dem Gold das Alibi einer Scheinlegalität zu verschaffen, um die Bestände nach Beendigung des Krieges nicht wieder rückerstatten zu müssen, wie der Historiker António Louçã herausgefunden hat, der dieses Verhalten der Banken als »Hehlerei« bezeichnet. Den Portugiesen gelang es schließlich, in der Nachkriegszeit Rückgabeverhandlungen derart in die Länge zu ziehen, dass 44 Tonnen Raubgold an der *Banco de Portugal* deponiert blieben. Unklar ist bis heute, ob auch Gold aus Privatbesitz oder sogar das Zahngold von in Konzentrationslagern Ermordeten in die portugiesischen Depots gelangte. Da aber von Seiten der Banken keine Bereitschaft zur Klärung der Vorgänge in jener Zeit besteht, bleibt ein dunkler Verdacht zurück.

TOD IN LISSABON. Und solange ein Verdacht be-
steht, wird es Spekulationen geben –, wie der Roman des in
Portugal lebenden Amerikaners Robert Wilson dokumentiert.
Tod in Lissabon verwebt Eindrücke der jüngeren portugiesischen Geschichte mit einer Aufarbeitung der Zeit während des
Zweiten Weltkriegs und verweist so auf die Kontinuität von
Strukturen der Salazar-Diktatur sogar über die Revolution von
1974 hinaus. Der SS-Gesandte Klaus Felsen kommt 1941 nach
Lissabon, um sich um Wolframlieferungen zu kümmern, und
begleitet zudem einen Goldtransport bis ins Depot der *Banco
de Portugal*. Die hell erleuchtete Stadt, gegen die ihm Europa
wie ein »Kohlenkeller« vorkommt, ist voller Vertriebener und
Spitzel, wie ihm erklärt wird: »In Lissabon ist jeder ein Spion,
Herr Hauptsturmführer, vom niedrigsten Flüchtling bis zum
höchsten Diplomaten. Und das schließt Zimmermädchen, Por-
tiers, Kellner, Barkeeper, Ladenbesitzer, Geschäftsmänner, Fir-
menchefs, alle Frauen, Huren oder nicht, sowie alle echten und
falschen Mitglieder der königlichen Familie mit ein. Jeder, der
Ohren hat zum Lauschen, kann hier davon leben.« Angesichts
der verzweifelten Bemühungen von Flüchtlingen, ein Ausreise-
visum in die USA zu bekommen, konnte sich die Leiterin der
Visa-Abteilung wie eine Königin fühlen und wurde von den im
Casino de Estoril um ihr Glück spielenden Vertriebenen wie
eine solche behandelt. Im Laufe der Kriegsjahre schmuggelt der
Deutsche Klaus Felsen von der Region Beira Alta aus Wolfram
nach Deutschland und bringt im Gegenzug Gold aus Nazideutschland nach Portugal. Bei einem Abendessen in der deutschen Botschaft in Lapa, einem vornehmen Stadtteil Lissabons,
macht ihn sein Vorgesetzter auf die polnischen Absender der
Lieferungen, Lublin, Auschwitz, Majdanek, aufmerksam. Da
Felsen nicht reagiert, erklärt er: »Lissabon ist weit entfernt von
diesem Krieg. (…) Niemand hat mit dir über die Endlösung
gesprochen. Das ist auch keine Konversation für ein Abend-

essen in Lapa. Dieses Gold stammt von den Juden. Von ihren Brillen und Uhren, ihrem Schmuck und ihren Zähnen.« Wilson zieht eine Verbindungslinie der schuldhaften Verwicklung der portugiesischen Diktatur mit dem Nationalsozialismus, deren Auswirkungen bis heute sichtbar sind.

SPIONE. In einem zweiten Roman, *Das verdeckte Gesicht*, geht Robert Wilson mit der Liebesgeschichte eines deutschen Spions und einer englischen Agentin genauer auf das Lissabonner Milieu Ende des Zweiten Weltkriegs ein. Als die Engländerin Anne hier ankommt, erklärt ihr ein Mitarbeiter die Organisation des Estado Novo: »Salazars neuer Staat. Das Regime. Die unterscheiden sich auch nicht groß von den Dreckskerlen, gegen die *wir* Krieg führen. Die PVDE, genau gesagt: die *Polícia de Vigilância e de Defesa o Estado* – Salazars Sicherheitspolizei, ausgebildet von der Gestapo. In der Stadt wimmelt es von *bufos* – Spitzeln.« Die Agentin wird vorerst im Haus eines Iren in Estoril untergebracht, der geheime Handelsbeziehungen mit Deutschland unterhält, und soll dort Näheres über dessen Diamantenexporte von Angola über Portugal nach Deutschland herausfinden. Als sie an den Strand will, wird sie vom Hausherrn gewarnt, sich entsprechend zu kleiden, da die Polizei die öffentliche Moral überwacht: »All die Flüchtlinge haben unmoralische Ideen und Moden mitgebracht, müssen Sie wissen, und der gute Doktor (Salazar) ist entschlossen, sie einzudämmen. Die drei F: Fußball, *fado* und Fatima. Die Lösung des großen Mannes für die Übel der modernen Gesellschaft.« Bei formellen Abendessen lernt Anne die gemischte Gesellschaft der Ausländer und Vertriebenen aus Estoril und Cascais kennen, die sich von den Flüchtlingen in Lissabon dadurch unterscheiden, dass sie Geld, Arbeit und Möglichkeiten haben. Sie verliebt sich in den deutschen Spion Karl und trifft ihn immer wieder in einer kleinen Pension in der Rua das

Janelas Verdes. Die Geschehnisse kulminieren, die verbotene Liebesbeziehung fliegt auf und Karl versucht vor den Deutschen, die ihn durch die Stadt verfolgen, zu fliehen. Dann erinnert er sich, dass die Geliebte in der Pension auf ihn wartet, und beschließt, sie zu warnen, sogar um den Preis seiner Freiheit. Karl wird nach Deutschland deportiert und Anne gelingt es aufgrund seines Einsatzes, ihre gefälschte Existenz weiterzuführen. Sie bleibt in Portugal, heiratet einen portugiesischen Kapitän und macht sich im geheimen Widerstand gegen das Salazar-Regime nützlich. Der Anachronismus dieser jahrzehntelangen Diktatur gegenüber den Entwicklungen in Europa ist außerhalb Portugals unverständlich: »Der Mann treibt sein Land zurück ins Mittelalter. Ein paar tausend Kilometer von seinem Krankenhausbett entfernt proben die Studenten in den Straßen von Paris den Aufstand. Die gesamte europäische Jugend ist auf dem Marsch. Wir erleben eine Kulturrevolution, während die Iberische Halbinsel von ein paar vergreisten Langweilern beherrscht wird, die das Geld für ein vermeintliches Weltreich verschwenden und ihr Volk in einer Art vorindustrieller Sklaverei halten.« Als es nach Jahrzehnten zu einem Wiedersehen der Liebenden in Lissabon kommt, scheinen einzelne Stadtteile wie unverändert. Die Zurückgebliebenheit Portugals hilft ihnen, die frühere Nähe wieder fühlbar zu machen. Nur das Casino von Estoril ist inzwischen »halbseiden und heruntergekommen« im Vergleich zu den glitzernden Jahren der Kriegszeit. Für ein paar Momente gelingt es den Liebenden, die vergangene Zeit heraufzubeschwören: »Zum Nachtisch aß er einen Kuchen mit gezuckerten Pflaumen, trank Kaffee und einen *bagaço*, weil er den Geschmack des rauen Schnapses noch einmal in der Kehle spüren wollte wie damals in Lissabon während des Krieges.« Nach dieser Reminiszenz an die einstige Verliebtheit holen sie aber die dunklen Kapitel ihrer Arbeit als Agenten ein. Es gibt keine Rückkehr.

FÄLSCHER. Zweifelhafte Geschäfte betreibt der Held von Thomas Giffords Roman *Der Mann in Lissabon.* Die Karriere des Banknotenfälschers, Finanzschwindlers und Aktienspekulanten Alves wird von Anfang des 20. Jahrhunderts an über ein paar Jahrzehnte hin verfolgt und bietet damit auch Einblick in Portugals wechselvolle Geschichte – so wie ein Ausländer sie sich vorstellt. Begonnen hat der Sohn eines Leichenbestatters mit dem Verkauf von gefälschten Reliquien, ein einträgliches Geschäft, das er im Umkreis der São Roque-Kirche am Largo Trindade Coelho betrieb, die für ihren Prunk berühmt ist: »Goldglänzende Altäre, Säulen aus Lapislazuli, Geländer aus Ebenholz, reicher Bronze- und Silberzierrat, Tonnen von perfekt ausgewähltem Achat, ganze Wagenladungen von Amethysten.« Nachdem er in Angola auf unlautere Weise zu Reichtum gekommen ist, lässt sich der Schwindler mit gefälschtem Oxford-Diplom in einem Luxusbüro in Lissabon nieder. Bald fliegt er jedoch auf, landet im Gefängnis und erfährt nach seiner Freilassung in einem Fado-Lokal durch die Gesänge Antwort auf die großen Fragen des Lebens: »Im wilden Stöhnen der Trauer und Tragödie, im Schrei des Selbstmitleids über die wechselnden Launen des Schicksals, in der ausschweifenden Erotik, die den innersten Kerns des Gesangs bildete, fand er die Vorahnung einer Antwort, sogar einer philosophischen Antwort.«

Diktator Salazar hätte seine Freude gehabt an dieser schwülstigen Beschreibung des ideologischen Instruments Fado. Dennoch gerät Alves immer wieder in Konflikt mit dem alten Portugal seiner Vorfahren, das er als primitiv, unwissend, abergläubisch bezeichnet, während er sich selbst als Vertreter modernen Denkens und in einer Linie mit den mutigen portugiesischen Entdeckern sieht. Bei einem Spaziergang über das Gelände des Castelo São Jorge lässt er die Helden der portugiesischen Geschichte Revue passieren und identifiziert sich mit ihrem Streben nach Expansion. Mittlerweile hat er eine deutsche Geliebte in Paris und erwirbt für seine Ehefrau das prachtvolle und berühmte Haus Menino d'Ouro, ein Sammelsurium von Reichtümern, die Portugal seit jeher von seinen Kolonien bezogen oder im Ausland eingekauft hat. Der nächste Coup, eine massive Fälschung von 500-Escudo-Scheinen läuft jedoch trotz sorgfältiger Planung schief: Die Noten strömen einen auffälligen Geruch aus, ihr Farbton stimmt nicht. Nach einer Behandlung mit Zitronensaft verfärben sie sich rosa und damit ist der Deal geplatzt. Wieder wandert Alves ins Gefängnis und verbringt fast die gesamte Zeit der Diktatur in der Isolation. Der Roman endet mit dem Tod Salazars, den er als »den Mann, der Portugal stahl«, bezeichnet und einigen altersweisen Bemerkungen des Fälschers, die als Motto über dieser Geschichte und vielleicht über der Geschichte der Finanzdiktatur Salazars stehen könnten: »Politik war in Portugal eine Zeitverschwendung. Er hatte vor langer Zeit gelernt, dass es nicht auf Politik ankam, sondern auf Geld.«

V. Revolution, Verluste –
Stadt im Umbruch

ERSTARRUNG. Die *Portugiesischen Tagebücher (1969–1976)* des deutschen Autors Curt Meyer-Clason dokumentieren die Endphase des Salazar-Regimes und den Beginn des demokratischen Portugal. Als Leiter des Lissabonner Goethe-Instituts gewann Meyer-Clason Einblick in die verkrusteten Strukturen der portugiesischen Diktatur, schlug sich mit dem Standesdünkel der Bürokraten herum, versuchte listenreich die Zensur zu umgehen, befreundete sich mit portugiesischen Intellektuellen und begann, eine Insel des freien Meinungsaustausches in Lissabon zu schaffen, oft genug an seine Grenzen stoßend.

Schon die Beschreibung seiner Ankunft im damaligen Deutschen Institut am Campo Santana skizziert die Gottverlassenheit und Miefigkeit des Lissabon der späten 60er Jahre: »Ich blinzle ins Dämmerlicht. Ich öffne die zimmerhohen Läden der einzigen Fenstertür, verschwiegen filtert silbriges Nachmittagslicht aus der Rua Santa Marta herein. Ich erkenne die Umwelt, meine künftige Umwelt: schwerer Schreibtisch, Nußbaum poliert, schwerer runder Tisch, schwere Polstersessel, schwere Bücherregale und -wände, schweres schwarzes Kastentelefon mit Handkurbel.«

Unter dem Eindruck dieser jahrzehntelang genährten Schwere sind Veränderungen nur unter Schwierigkeiten herbeizuführen. Der aus Brasilien kommende und des Portugiesischen mächtige Meyer-Clason beobachtet präzise und beschreibt mit Ironie seine Arbeits- und Lebensbedingungen. Jedes Detail kann zu einer Charakterisierung der portugiesischen Verhältnisse ausgeweitet werden. Die Staubschicht in einer Wohnung, die er besichtigt, erinnert ihn an das Phänomen des toten Kapitals einer »ins Heute hinübergeretteten Feudalherrschaft der Wenigen«. Ein Freund, der den Kontakt zur Vermieterin herstellt, ein »Portugiese halb englischen Stils«, verleitet ihn zu Überlegungen über die landesübliche Art und Weise des Verhandelns. Der Institutsleiter Meyer-Clason hält sich nicht mit der Aufzählung von touristischen Qualitäten Lissabons oder der romantisierenden Beschreibung seiner Gebäude auf – für ihn ist alles politisch aufgeladen.

ZENSUR. Unter dem Ladentisch der Lissabonner Buchhandlung Sá da Costa Editora in der Rua Garrett erwirbt Meyer-Clason unter dem Ladentisch Publikationen, in denen verbotene Kritik an der kolonialistischen Herrschaft geübt wird: »Merkantilistische Politik mit maßlosen Gewinnspannen, unmenschlich in der Ausbeutung der schwarzen Bevölkerung durch eine weiße Minderheit, veralteter Regierungsstil des brutalsten, grausamsten Polizeistaats. Dazu zahllose Schmutzgeschäfte, Diebstahl, Raubbau der Bodenschätze wie im Fall der Diamantengesellschaft von Angola oder bei den Operationen der Überseebank.« Bei einem Besuch im Café *A Brasileira* am Chiado denkt er nicht an Pessoa, sondern an das nahe gelegene Hauptquartier der PIDE und fragt, warum ein hoher Funktionär der Geheimpolizei sich gerade in dem Café so gerne unters Volk mischt. Aus Meyer-Clasons Aufzeichnungen erfahren wir den tagtäglichen Umgang mit der Diktatur in allen Einzelheiten: Da erklärt der regierende Ministerpräsident Caetano zum Beispiel in einem Interview, dass nicht daran gedacht sei, die Zensur in nächster Zukunft aufzuheben, da sie sozusagen Tradition sei und die Journalisten und ihre Leser sich bereits daran gewöhnt hätten. Ein befreundeter Regisseur erzählt von der mühevollen Vorbereitung von Theaterstücken, die nach einer abschlägigen Prüfung durch die Zensurbehörde dann möglicherweise nicht aufgeführt werden können. Die Forderung des Deutschen, doch dagegen etwas zu unternehmen, wird mit einem Achselzucken und Augenverdrehen erwidert, das von Meyer-Clason sodann als beredte Geste eines sich Einfindens in die Ohnmacht während der Diktatur interpretiert wird. Und wer genau schaut, kann dieses Achselzucken sogar heute noch in Lissabon bemerken. Meyer-Clason beschreibt sie so: »Der erste Teil der Pantomime ist klar und einsichtig; die verdrehten Augen dagegen sind vieldeutig: Fragen Sie mich nicht, Sie wissen doch selbst, ich weiß, was Sie meinen, Sie wissen, was ich meine, ich tue mein Bestes, garantieren kann ich nicht, ich bin für nichts verantwortlich, die verdammten Hunde, was soll ich tun.« Die Jahrzehnte der Diktatur haben in Mimik, Gestik und Verhaltensformen der älteren Portugiesen bis heute Spuren hinterlassen. Diese so festgefahrenen Strukturen werden erst seit dem EU-Beitritt des Landes, seiner unausweichlichen Europäisierung und mit dem Heranwachsen neuer Generationen langsam aufgeweicht.

SCHWEIGEN. Curt Meyer-Clason beschreibt in seinen Tagebüchern die Erstarrung, die Selbstgefälligkeit der Portugiesen unter der Diktatur, ihre von oben verordnete Realitäts- und Europaferne, die die Hinwendung nach Afrika legitimieren soll. Er besucht Vernissagen, trifft in der Galeria Mamede in der Rua Politécnica auf die Dichterin Natália Correia, die Poesie und Lieder vorträgt, ein kleine Abwechslung im ansonsten unpolitisch gesinnten Lissabon, das vor allem seine Ruhe erhalten will: »Denken in Portugal – Stagnation, Staccato, Stehen. Wörter gebrauchen, von Stand zu Stand, von Stehenbleiben zu Stehenbleiben. Dieses Pathos ›pathein‹ hemmt mein Denken, mein Vorwärtsdenken, den Fluss der Ge-

117

danken.« So vermittelt sich ihm im berühmten Café Martinho da Arcada, angeblich Sammelpunkt der Intellektuellen und Schriftsteller, nichts als eine Stimmung der Ausweglosigkeit: Meyer-Clason beobachtet dort eine Männergesellschaft, in der Frauen nichts verloren haben, Figuren, die untereinander kaum kommunizieren, in Untätigkeit verharrend, in sich zurückgezogen vor ihren Getränken sitzend. Nichts hätte sich verändert, seit Pessoa hier Tag für Tag seinen von ihm »Fruchtsaft« genannten portugiesischen Brandy bestellt und vor sich hin geschwiegen hätte. Denn Schweigen ist nach wie vor allemal besser, als das Falsche zu sagen in dieser angehaltenen Zeit. Die Zensur ist überall. Meyer-Clason vermerkt patriotische Propagandaparolen an Häuserwänden um den Largo do Rato, die die militärische Präsenz in Afrika preisen, wie: »Portugal wurde immer dann größer, wenn die anderen es zu verkleinern suchten.« Er notiert Euphemismen, deren die Regierungspresse wie die Zeitungen der Opposition sich bedienen. Die einen, um nicht die Wahrheit sagen zu müssen, die anderen, um nicht wegen der Wahrheit, die sie aussprechen wollen, von den Herrschenden belangt zu werden. Verschwiegen wird vom Regime vor allem das Desaster in den afrikanischen Kolonien, die Massenflucht der Portugiesen in Richtung Frankreich und Deutschland sowie die ununterbrochene Verschickung portugiesischer Soldaten nach Angola und Mozambique.

VORSICHT. Sogar die mit gutem Grund als Oppositionelle verdächtigten und bespitzelten Schriftsteller haben gelernt, sich bedeckt zu halten, vorsichtig zu sein. Manche aber sind wagemutig, wie José Cardoso Pires, der unter dem Titel *Dinossauro excelentissimo* eine als Märchen für seine Tochter getarnte Biographie des Diktators veröffentlicht. Da Salazar in seinem Buch als Dinosaurier auftritt, kann das Machwerk trotz offensichtlicher Anspielungen durch die Zensur schlüpfen. Meyer-Clasons Freundschaft mit widerständigen Schriftstellern wird ihm von Vertretern der portugiesischen Nationalliteratur angekreidet. Seine Versuche, politisch brisante Vortragsreihen im Institut zu organisieren, werden immer wieder boykottiert. In eine von ihm herausgegebene Anthologie portugiesischer Literatur nimmt er sogar Texte des Wahlangolaners Luandinho Vieira auf. Der Autor war wegen der staatszersetzenden Inhalte seiner Bücher inhaftiert worden, obwohl er lediglich die Lebensbedingungen der armen schwarzen Bevölkerung in den Elendsvierteln Luandas schilderte. Durch die Darstellung der unerträglichen Zustände würde Vieira zur Rebellion auffordern, lautete der Vorwurf.

Vielen Portugiesen aber fehlte der Mut zum Widerstand und sie entschieden sich angesichts der unangenehmen Konfrontation mit der Wirklichkeit von Zensur und Geheimpolizei für eine Tatenlosigkeit, die durch die alten Mythen der Saudade und des *Encoberto* legitimiert schienen, wie Meyer-Clason immer wieder bemerkt.

VERSCHLEIERN. So beginnt auch er, Überlegungen zum portugiesischen Zeitgefühl anzustellen, das er außerhalb der europäischen Normen ansiedelt. Die Vorliebe für verwischte Zeitangaben der portugiesischen Sprache scheint ihm Ausdruck dafür zu sein: »Wann geht der Zug? Gegen sieben. Oder: Um drei, mehr oder weniger. Kommen Sie *pela tardezinha*, um das Abendchen herum. *Tarde*, als Eigenschaftswort ›spät‹, als Hauptwort ›Nachmittag‹, aber auch ›Abend‹, ist daher eine unbestimmte Zeitbestimmung, es kann sechs, aber auch sieben Uhr dreißig gemeint sein. *Ao fim da tarde,* ›gegen Ende des Nachmittags‹ schwankt zwischen sechs und acht Uhr.« *Encoberto* übersetzt Meyer-Clason mit ›Das Verhüllte‹ und meint damit die Neigung zum Verschleiern, zum Abwarten, zum vorsichtigen Taktieren, nicht zu viel Preisgeben, die dem portugiesischen Verhalten bis in die feinsten Sprachwendungen innewohne. Direktheit gilt als unpassend, ja unhöflich und könnte dem Sprecher zu Schaden gereichen. Im Sprechen äußert sich diese Haltung als langwieriger und schwieriger Prozess, den Kern eines Gesprächs zu fokussieren. Konkret zeigt sich das Verhüllen im Fehlen von Namensschildern an portugiesischen Häusern, im Hin- und Herfragen zu Beginn eines Telefongesprächs, wobei die Nennung von Namen vermieden wird, um sich nicht zu früh zu erkennen zu geben. Dieses Gebaren setzt sich fort bis in die komplizierten Einzelheiten der Organisation des Alltags, die für einen außen Stehenden kaum durchschaubar sind: »Der Sprachunkundige ist ohnehin verloren, zumal der Umgangssprache etwas Unwägbares eigen ist: Sie ist eine Sprache für Eingeweihte. Eingeweihtsein ist Vorbedingung für das Leben in diesem Lande, mehr als in jedem anderen.« Diese besonderen Verhaltensformen werden wohl noch für einige Zeit gültig sein. Dem Lissabon-Besucher werden diese Einschränkungen heutzutage jedoch kaum auffallen, da in den letzten Jahren verstärkt versucht wurde, die Stadt den Erwartungen der Touristen anzupassen und ihnen annähernd reibungslose Streifzüge zu ermöglichen. Für den Gast aber, der vorhat, länger in Lissabon zu bleiben, werden sich die geheimen Abgründe hinter der Fassade einer für Touristen reservierten Offenheit und Freundlichkeit früh genug auftun.

ZWEIFEL. Curt Meyer-Clason lässt sich in den späten sechziger und beginnenden siebziger Jahren trotz seiner Liebe zu Caparica, dem Strand jenseits der großen Brücke, nicht von südlichem Wohlgefühl einschläfern und wird in seinen Tagebüchern nicht müde, die eingefahrenen Muster zu kritisieren. Je länger er sich in Lissabon aufhält, desto mehr fühlt er sich aber von der Trägheit und Verträumtheit bedrängt, die er auch an einer abwesend wirkenden jungen Frau im Restaurant beobachtet. Sie scheint ihm für dieses Lebensgefühl in Lissabon typisch zu sein: »Sie ist anderswo – wo? In jenem Portugal, das da sein möchte und nicht da ist, das Portugal in einer Schachtel in einer Schachtel in einer Schachtel und so weiter und so ferner – sobald man die Schachtel Portugal öffnet.« In schlimmen Momenten zweifelt er sogar an den Intellektuellen, die sich in ihrer verhüllten Kritik am Faschismus gefallen, ohne jemals wirklich aktiv zu werden, so als würde das eine das andere bedingen und als gäbe es kein Entkommen aus dieser Double-Bind-Situation. Dann aber ist endlich Revolution und das lange Warten hat sich gelohnt. Am 25. April 1974 übersetzt Meyer-Clason gerade Pablo Neruda ins Deutsche, als seine Tochter von der Schule zurückkommt und ihm vom Umsturz erzählt. Seine Frau ist skeptisch, sie kann nicht glauben, dass sich etwas ändern wird.

Wie so viele hört die Dichterin Sophia de Mello Breyner Andresen frühmorgens im Radio das verbotene Lied *Grândola, Vila Morena* des Sängers José Afonso, das das Signal zur Revolte der Streitkräfte gibt. Erleichtert schreibt sie: »Dies ist das Morgenrot, das ich erwartete / Der Tag des Neubeginns vollkommen und rein / Da wir enttauchen Nacht und Schweigen / Und frei bewohnen die Substanz der Zeit.«

ÖFFNUNG. Zwei Tage später wird Meyer-Clason von portugiesischen Intellektuellen eingeladen, mit ihnen die Büros der Geheimpolizei PIDE im alten Stadtpalais in der Rua António Maria Cardoso zu besichtigen. Sie finden Karteikästen mit Hunderttausenden von Dossiers, Fotoalben, Polizeiakten, zerstörte Abhörgeräte, begehen die vergitterten Gänge und Einzelzellen, voller Wut über die jahrzehntelange Gängelung und Bedrohung durch die Truppe. Am Nachmittag wird dann das PIDE-Gefängnis in der Festung Caxias geöffnet, in der die politisch Verfolgten und Eingesperrten gefoltert wurden: »Wir sehen die mit Tonbandgeräten ausgestatteten lärmdichten Verhörräume, das Tonstudio neben den Folterkammern, die im Fenster der Besuchszimmer eingebauten winzigen Mikrophone. Wir blicken in einen klaftertiefen, muffigen Kellerraum, in dessen hüfthohem Wasser der Gefangene stundenlang für das Verhör vorbehandelt wird.«

Zwei Jahre nach dem freudigen Ereignis aber zieht Meyer-Clason anlässlich seines Abschieds von Lissabon ein ernüchterndes Resümee der so hoffnungsfroh erwarteten Revolution. Die alten Strukturen sind nicht so einfach aufzulösen, die Selbstbestimmung als neues europäisches Kuba, als das Portugal kurze Zeit galt, ist nicht durchzuhalten. Aus dem Fremden, der in ein von der Diktatur erstarrtes Land gekommen war, ist Meyer-Clason zum Entfremdeten geworden. Der Traum eines Sozialismus mit portugiesischem Gesicht ist ausgeträumt, wiederum handelte es sich um eine Täuschung, die aus der »Durchsichtigkeit des lusitanischen Lichts« entstanden war, eine Chimäre.

Eduardo Lourenço sieht das Scheitern eines tatsächlichen Neubeginns nach der Revolution in der geopolitischen Lage Portugals, der durch eine Abschaffung des Faschismus allein nicht beizukommen war. Der Grund für den jahrzehntelangen Bestand der portugiesischen Diktatur hatte in der geschickten ideologischen Nutzung dieser Vorbedingungen bestanden. Daher bleibe Portugal ein Land mit hoher Analphabetenquote, mit Kastenbewusstsein, mit einer selbst erfundenen Rolle als Mittler zwischen Erster und Dritter Welt, es bleibe die Entfernung von Europa. Meyer-Clasons Abschied von Lissabon ist bitter und geprägt von enttäuschter Liebe, die ihn aber nicht davon abgehalten hat, seither als Übersetzer und Herausgeber portugiesischer Literatur im deutschsprachigen Raum eine außerordentlich bedeutende Rolle zu spielen.

REVOLUTION. Die nahezu innerhalb eines Tages abgewickelte Revolution vom 25. April 1974 war durch eine aus den Streitkräften hervorgegangene Widerstandsbewegung erfolgt. Nur das Hauptquartier der PIDE am Chiado hielt noch stand und konnte erst am 26. April erstürmt werden, wobei es einige Tote und Verletzte in dem ansonsten unblutig verlaufenden Umsturz gab – er sollte als Nelkenrevolution in die Geschichtsbücher eingehen. Das Foto, auf dem eine Lissabonnerin einem Soldaten den Stiel einer Nelke in den Gewehrlauf schob, ging um die Welt. General Spinola, der von Ministerpräsident Caetano zunächst die Macht übernommen hatte, wollte die Kolonien erhalten, während linksgerichtete Angehörige der Streitkräfte für eine völlige Unabhängigkeit der afrikanischen Territorien eintraten. Die Kämpfe zwischen linken und rechten Fraktionen sollten noch einige Zeit andauern, die Freigabe der Kolonien war jedoch bald beschlossene Sache und in der Folge sollten Hunderttausende weißer Portugiesen sowie Schwarze und Mischlinge ins Mutterland zurückkehren. Bei den ersten Parlamentswahlen zwei Jahre nach der Revolution hatten die politischen Extreme an Macht verloren, es siegten die Sozialisten. Die von Europa und den USA gefürchteten Kommunisten erreichten immerhin 14 Prozent. Dennoch schien die rote Gefahr weit gehend gezähmt, das Land auf dem Weg in Richtung westlicher Demokratie. Der 25. April wurde in der Folge zum Nationalfeiertag erklärt, der den bisherigen, den Gründungstag der portugiesischen Diktatur, ersetzen sollte. Der am 10. Juni gefeierte Geburtstag des Nationaldichters Camões, bisher Tag der Rasse, wurde nun zum Tag Portugals und der Portugiesisch sprechenden Gemeinschaften umbenannt. Die von der linken ausländischen Elite romantisierte Revolution war jedoch kein Aufstand des Volkes, sondern vom Militär ausgegangen, das vor allem aus Unzufriedenheit mit der aussichtslosen Situation in den Kolonien gegen das

Regime im Mutterland revoltierte. Dreißig Jahre danach ist der 25. April kein wesentliches Element nationaler Identität mehr, obwohl die Suche nach portugiesischen Eigenheiten und Besonderheiten seit dem Eintritt in die Europäische Gemeinschaft mit mehr Verve denn je betrieben wird.

LUSOTROPIKALISMUS. Die afrikanischen Kolonien hatten sich für das Salazar-Regime letztlich als Desaster erwiesen und die Diktatur zu Fall gebracht. Die ideologischen Strategien blieben Portugal aber sogar nach dem Verlust der Übersee-Gebiete, wie sie im faschistischen Jargon genannt wurden, erhalten. Vor allem die antirassistische Gesinnung Portugals hervorzuheben, war dem Salazar-Regime ein Anliegen, das den alten Mythos der Erfindung einer ethnisch gemischten portugiesischen Gesellschaft fortführte. Kurz vor der Revolution noch wies Ministerpräsident Caetano auf die Notwendigkeit der Erhaltung dieses Projekts hin, auch um den Vorwurf der Ausbeutung der afrikanischer Gebiete zu entkräften. Als Beweis für die gelungene Rassenmischung musste die ehemalige Kolonie Brasilien herhalten, wo der so genannte Lusotropikalismus sichtbare Spuren hinterlassen hatte. Dieses ideologische Instrument berief sich auf das angeblich besonders antikolonialistische Verhalten der Portugiesen von Anbeginn an. Schon die frühen Entdecker und Kolonialherren seien nicht gewalttätig aufgetreten, wollten die Einheimischen nicht schädigen, sondern in ein freundschaftliches Verhältnis mit ihnen treten, das den Handel ermöglichte. Vor allem die Ausführungen des brasilianischen Theoretikers Gilberto Freyre, der – neben einer Studie der Beziehungen Portugals und Brasiliens – auf Einladung der Diktatur auch andere portugiesische Kolonien in Indien, Afrika und Südostasien erforschte, lieferten Material zur Rechtfertigung dieser These. Die Portugiesen würden die fremden Kulturen nicht unterdrücken, sondern ließen sich von ihnen zu neuen Lebensformen inspirieren, lautete die gängige Meinung. Die antirassistische Einstellung hatte die Vereinigung der portugiesischen Männer mit einheimischen Frauen erst ermöglicht. Dieser Verbindung entsprangen die Mischlinge, eine der wichtigsten portugiesischen »Erfindungen«, wie es heute noch selbstironisch heißt. Der Mythos der Gewaltfreiheit war zudem notwendig, um sich vom ewigen Rivalen im Entdecken und Erobern, dem benachbarten Spanien, abzugrenzen, das für die Grausamkeit seiner Kolonialherren bekannt war. Freyre führt die tolerante Haltung der Portugiesen bis zu deren Beziehungen mit den nichteuropäischen, jüdischen und maurischen Bevölkerungsgruppen zurück. Doch wurde dieses Zusammenleben gerade nach dem Erstarken der christlichen Herrschaft immer mehr durch Diskriminierung geprägt und führte in der Folge zur Vertreibung der Mauren und Juden sowie zu jahrhundertelang andauernder Inquisition.

SCHEITERN. Die Wirklichkeit des Übersee-Experiments Portugals gestaltete sich weder friedlich noch erfolgreich: Es war in keiner der Kolonien gelungen, stabile, sich selbst erhaltende und Ertrag abwerfende Strukturen aufzubauen. Der Krieg verschlang in der Endphase nahezu die Hälfte des Staatshaushaltes und Zehntausende portugiesische Soldaten verloren in Afrika ihr Leben. Dem Traum einer erfolgreichen Besiedlung der afrikanischen Gebiete, die sich vorerst auf die Umgebung der größeren Städte beschränkte, standen zu viele Hindernisse entgegen: Widrigkeiten des Klimas, gefährliche Lebensumstände, schwierige Einheimische, das Fehlen von verlockenden Bodenschätzen wie Gold, das Zehntausende nach Brasilien gezogen hatte. Also mussten die Kolonien zunächst vor allem mit den schlimmsten Insassen portugiesischer Gefängnisse besiedelt werden, denen nach und nach Handwerker, einfache, ungebildete Arbeiter und Bauern folgten, die schon im Mutterland kaum ihr Auskommen gefunden hatten. Versuche, das Land zu bebauen, scheiterten wegen der klimatischen Bedingungen, wegen ungenügender Flexibilität, die Methoden der Landwirtschaft aus dem Mutterland durch neue, der Umgebung angepasste zu ersetzen. Viele der aus dem bäuerlichen Milieu stammenden Einwanderer wollten in Afrika lieber als Geschäftsleute tätig sein und lehnten es ab, in der so dringend benötigten Landwirtschaft zu arbeiten. Von einer ethnisch gemischten Lebens- und Arbeitsgemeinschaft war man sowieso weit entfernt. Gut ausgebildete und in die politischen und ökonomischen Entscheidungsstrukturen aufgestiegene Schwarze waren in den portugiesischen Kolonien kaum zu finden. Einer Anekdote zufolge wurde einem Reporter der *Washington Post*, der sich 1971 in Angola aufhielt, um Afrikaner zu treffen, die in der Regierung und im Geschäftsleben tätig wären, mitgeteilt, dass »er« unglücklicherweise gerade verreist sei. Es gab also nur einen einzigen Vorzeige-Schwarzen in gehobener Position.

Obendrein war die gepriesene Rassenmischung nicht unbedingt auf die tolerante Haltung der Portugiesen in Afrika zurückzuführen, sondern vor allem auf die Abwesenheit von weißen europäischen Frauen, auf ein Missverhältnis zwischen weißer und schwarzer Bevölkerung. Die Beziehungen zwischen portugiesischen Einwanderern und afrikanischen Einheimischen waren im Gegenteil wesentlich von Paternalismus geprägt, da die Portugiesen ja ins Land gekommen waren, um ihre zivilisatorische Mission zu erfüllen, also an die Überlegenheit der portugiesischen Kultur glaubten. Aber den Kolonialherren gelang es nicht einmal ihre Sprache zu verbreiten. Nach fünfhundertjähriger Präsenz in Angola zum Beispiel verwendeten 1971 nur ein Prozent der Erwachsenen und zwei Prozent der Kinder im ländlichen Raum die portugiesische Sprache regelmäßig. Die von Gilberto Freyre beschriebene Assimilationsfähigkeit der Portugiesen zielte in Afrika also nur in eine Richtung: auf die Europäisierung der Afrikaner. An eine Afrikanisierung der Portugiesen war niemals gedacht. Bis 1968 wurde zum Beispiel in Angola keine afrikanische Musik im Radio gespielt, bis man sich in der Endphase des Kolonialkriegs der möglichen propagandistischen Wirkung einheimischer Musik entsann.

Nach der Revolution gestand ein führender General das gescheiterte Experiment der Kolonien ein, indem er sagte: »Wir haben wenig von Afrika profitiert und Afrika hat wenig von uns profitiert. Die Portugiesen und die Afrikaner sind einander unbekannt geblieben: Fremde.«

RETORNADOS. Nachdem die Kolonien in die Unabhängigkeit entlassen worden waren, kam mit den rund 600 000 afrikanischen Rückkehrern ein weiteres riesiges Problem auf Lissabon zu. Die meisten hatten bei ihrem überstürzten Aufbruch aus Afrika alles zurückgelassen und mussten vorerst in leer stehenden Hotels und Pensionen untergebracht werden. Berichten zufolge soll das Gepäck Tausender Retornados über Kilometer verstreut am Ufer des Tejo, nicht weit von Belém, gelagert gewesen sein, von wo aus einst die glorreichen Fahrten portugiesischer Schiffe ausgegangen waren. Vielen der in den afrikanischen und asiatischen Gebieten meist arm Gebliebenen blieb nichts, als sich eine Unterkunft in den rasch größer werdenden Slums zu schaffen. In Lissabons *Bairros de Latas*, so genannt, da die behelfsmäßigen Verschläge meist aus Blechabfällen und Sperrholzplatten aus dem Müll zusammengebastelt wurden, kamen dabei vor allem die Schwarzen aus Mozambique, Angola, Cabo Verde, Guinea, aber ebenso Timorenser und Zigeuner unter. Die Zahl der illegal errichteten Hütten und Häuschen auf Brachland inmitten und außerhalb der Stadt wuchs, denn wenn es den Bewohnern gelang, ihre Bleibe innerhalb von 24 Stunden zu errichten, hatte die Baupolizei keine Handhabe. Sie waren zwar illegal, durften aber bleiben. Erst Ende der achtziger Jahre begann man, die Baracken im Zuge eines allgemeinen Stadtverschönerungsprogramms abzureißen und ihre Bewohner in schnell aufgezogenen Sozialwohnbauten mehr oder weniger zu verstecken. Dort gibt es zwar Fließwasser und Strom, doch die kleinen Gärtchen sind verschwunden. Wer mit der Metro vom Luxusbaugrund des Expo-Geländes an der Station Belavista zum Beispiel vorbeifährt, kann einen Blick auf die triste Szenerie der bunt bepinselten Betonkästen ohne Infrastruktur werfen, Ghettos, von denen man sich vorstellen kann, wie schnell sie verkommen werden.

VERLIERER. Der portugiesische Schriftsteller António Lobo Antunes hat in seinem 1988 erschienenen, großartigen Roman *Die Rückkehr der Karavellen* den Notstand der Retornados als Scheitern aller Expansionsbestrebungen Portugals dargestellt. Der 1942 geborene Autor, der während des Kolonialkrieges Militärarzt in Angola und danach Psychiater in Lissabon war, geht dabei mit Lissabon hart ins Gericht. Die Vergangenheit der Entdeckungen und des Kolonialismus schlägt zurück und versetzt die Hauptstadt in ein Chaos. *Lixboa* – in Antunes' eigenwilliger Schreibweise ist das portugiesische Wort für Müll, *lixo*, enthalten – sei die hässlichste Stadt der Welt. Sie ist bewohnt von Krüppeln, Transvestiten, Kranken, im Kolonialkrieg schuldig Gewordenen, sodass es für einen Rückkehrer nahezu unmöglich ist, sich wieder hier zurechtzufinden. Nahezu alle einmal von Portugal ausgesandten berühmten Seefahrer, Feldherren, Könige, Forscher, Statthalter, von denen der portugiesische Nationalstolz sich jahrhundertelang genährt hat, kehren auf einmal nach Lixboa zurück. Sie suchen ihren Platz in der Stadt, die sie nicht zurückhaben will, da sie keine reich gewordenen Emigranten, sondern Verlierer sind

António Lobo Antunes (geb. 1942)

und somit Strandgut der portugiesischen Expansionsge-
schichte. Nachdem infolge der Revolution im Mutterland das
Machtgefüge in Afrika verschoben worden war, die Schwarzen
sich ab nun auf die Plätze der Weißen setzen durften, gehörten
die ehemaligen Kolonialherren »nirgendwohin«, sie waren
ohne Ort.

Ein Portugiese mit afrikanischer Frau und Sohn findet Unterkunft in der Pension »Apóstolo das Índias« am Largo de Santa
Bárbara, die von Francisco Xavier geleitet wird, jenem spanischen Jesuiten, der im 15. Jahrhundert Asien christianisieren
wollte und aus Mozambique in die Hauptstadt zurückgekehrt
war. Er versucht sich nun mit Wucherzins und Vermittlung von
Straßenmädchen eine Existenz aufzubauen und spiegelt damit,
wenngleich verzerrt, den engen Spielraum, der den Retornados
blieb, um in Lissabon wirtschaftlich erfolgreich zu werden.

ENTTÄUSCHUNG. Ein Paar, das vorerst im Hotel Ritz im Zentrum Lissabons untergekommen ist, wird von der Hotelleitung daran erinnert, dass es verboten sei, in den Zimmern zu kochen, sich aus den Vorhängen Kleider zu fertigen, die Armaturen an Antiquitätenhändler weiterzuverkaufen, wie es anscheinend von mittellosen Rückkehrern damals versucht wurde. Doch selbst aus diesem besseren Hotel fällt der Blick auf Lissabon enttäuschend aus, es fehlen die intensiven, sinnlichen Eindrücke des Lebens in Afrika.

Der Seefahrer, Soldat und Schmuggler mit Verbindungen zur Geheimpolizei, Manuel de Sousa de Sepúlveda, kehrt via Südafrika mit dem Flugzeug nach Lissabon zurück. Als er seine Wohnung an der Costa da Caparica wieder beziehen will, findet er sie von Obdachlosen besetzt, die ihn höhnisch über die geänderten Verhältnisse aufklären. Im Sozialismus sei kein Platz mehr für Kolonialisten und Ausbeuter, Besitz werde aufgeteilt, das Proletariat herrsche nun und er habe daher zu verschwinden. Da Sousa de Sepúlveda über Kapital – aus Schmugglergeschäften – verfügt, weiß er sich zu helfen, zieht in eine Erdgeschosswohnung am Campo Pequeno, kauft eine Diskothek und wird reich. Sein Vermögen verschafft ihm Beziehungen zu höchsten Kreisen, als Sponsor unterstützt er verschiedene Aktivitäten anderer Rückkehrer, zum Beispiel die Taschenbuchausgabe der *Lusiaden* des Dichters Camões »mit nackten Tänzerinnen auf dem Umschlag in einer Krimireihe«.

Vasco da Gama, ruhmreicher Entdecker Indiens, kehrt, in die Jahre gekommen, aus Angola nach Lissabon zurück und wird von den Leuten wegen seiner obskuren Kleidung aus einem anderen Jahrhundert bestaunt. Dabei kann er die Veränderung der Stadt kaum fassen. Die vom Dichter Camões erfundenen Flussnymphen des Tejo sind fast verschwunden; Emigration ist für viele Menschen die einzige Lösung. Wegen seiner Verdienste um das Vaterland wird Vasco da Gama schließlich eine

Sozialbauwohnung im nicht gerade vornehmen Arbeiterviertel Madre de Deus in Chelas zugesprochen. Sonntags lässt er sich vom heruntergekommenen König Manuel I. in seinem klapprigen Ford Cabrio zu Ausflügen an die Küste abholen. Sollte da Gama heute noch dort residieren, könnte er von hier aus zumindest den Ausblick auf die nach ihm benannte Tejo-Brücke genießen.

DROGEN. Am schlimmsten hat in Antunes' Roman das Schicksal aber den Kind-König Sebastian geschlagen: Der hoffnungsvoll Erwartete, mit dessen Rückkehr Portugals vergangene Größe wiederhergestellt sein sollte, ist drogensüchtig geworden und deshalb so lange in Marokko geblieben. Er endet tragisch: »König Sebastião, dieser nutzlose, Sandalen tragende Dummkopf mit Ring im Ohr, der ständig das Zigarettenpapier eines Joints anfeuchtete, war in einem Drogenviertel Marokkos erstochen worden, weil er der englischen Schwuchtel Oscar Wilde ein Säckchen Marihuana geklaut hatte.«

Das Ineinander der verschiedenen Zeitebenen in *Rückkehr der Karavellen* spiegelt die flirrende, gleichzeitig realitätsferne und die Realität übertreibende Stimmung einer vom Kolonialismus belasteten Stadt. In Antunes' Lissabon der Retornados fahren Taxis neben Kutschen, Flagellanten treffen auf Friseure. Die Rückkehrer aus Afrika verkörpern hier nicht den Triumph, sondern die bittere Kehrseite der portugiesischen Expansion. Sie drücken die Stimmung der Stadt, da sie immer wieder an das missglückte Abenteuer erinnern.

Die Afrikaerfahrung des Psychiaters und Autors António Lobo Antunes und seine Beschäftigung mit den psychischen Störungen der portugiesischen Gesellschaft werden in seinem Werk mehr oder weniger kurzgeschlossen und erzeugen einen sprachlich überbordenden Rausch, der sämtliche nationalen Mythen und Träume ins Visier nimmt und demontiert.

ELEND. Bekannt geworden war Antunes durch den Roman *Der Judaskuss*, der zwischen Schauplätzen in Angola und Lissabon wechselt. Zurückgekehrt aus Afrika erzählt ein Mann in einer Lissabonner Bar sein Leben. Während seines Kriegsdiensts in Angola hatte sich der Portugiese ständig an die Stadtlandschaft Lissabons erinnern müssen, in der er seine Identität begründet sah. Zurück in der Hauptstadt aber kann er Angola nicht vergessen. Er verkörpert auf diese Weise die fatale und schuldhafte Verkettung Portugals mit seinen Kolonien, welche nichts als Leid, Krankheiten und Tod hervorgebracht hat. In Afrika ließen ihn einzig die Stunden mit seiner afrikanischen Geliebten Sofia den Krieg vergessen, obwohl sich sogar in der sexuellen Beziehung die Machtverhältnisse zwischen Kolonisator und Kolonisierter widerspiegeln: Die Verständigung zwischen der Mulattin und dem Portugiesen geschieht nur über den Körper und da die Frau ohne Sprache bleibt, kann der Soldat all seine Bedürfnisse und Gefühle auf sie projizieren. In diesem Trieb nach Dominanz wird er aber gleichzeitig zum Gefangenen seines Objekts. Zum Schluss wird die Geliebte von der Geheimpolizei verschleppt und ermordet, die Kolonie in die Unabhängigkeit entlassen. Die Schuld aber bleibt.

Zurück in Lissabon trifft der Ich-Erzähler überall auf Spuren der kolonialen Herrschaftsverhältnisse. Schon in der Eingangsszene im Lissabonner Zoo, der den Heimkehrer wegen der exotischen Tiere an Afrika erinnert, werden ferne Bilder geweckt. Die muffigen Wohnungen seiner Tanten, die der Junge vor seiner Ausbildung zum Militär besuchte, erscheinen ihm nun wie Grabkammern der portugiesischen Geschichte, eine Mischung aus Scheinheiligkeit und kleinkrämerischen Resten des großen Handelsimperiums, das hoffte, sich über die Kolonien noch einmal zur Größe aufzuschwingen. Die schmutzige Kriegsarbeit aber mussten die Männer verrichten.

HÄKELEI. Mit den nicht enden wollenden Häkelmustern der Frauen, die Antunes beschreibt, sind die konservativen, von Geheimpolizei und Kirche unterstützten faschistischen Strukturen symbolisiert, in denen der junge Mann gefangen gehalten wurde. Den nationalistischen Frauen, die ihre Männer und Söhne in den Krieg trieben und die ihre Zeit weiterhin mit Gebeten und Huldigungen an den Diktator verbringen, gilt die besondere Abneigung des Ich-Erzählers. Nahezu alle Erinnerungen des Angola-Kämpfers an sein Aufwachsen in Lissabon sind düster gefärbt. An der Praia das Maças, einem in der Nähe der Hauptstadt gelegenen Strand, froren die Kinder nur und fürchteten sich vor dem Meer, selbst das berühmte Kloster von Mafra war trostlos und von den Geistern der Soldaten erfüllt.

So kann sich selbst die Rückkehr in das vermeintlich ersehnte Lissabon nur als Enttäuschung erweisen. Schon am Flughafen Portela wird der Ich-Erzähler unfreundlich empfangen, als würde er nach den Jahren, die er für den portugiesischen Kolonialtraum opfern musste, kein richtiger Portugiese mehr sein. Die Rückkehrer werden bestenfalls mit Mitleid betrachtet, als »Gespenster« aus einer anderen Welt, die man nicht mehr erwartet hat. Während der Taxifahrt versucht der Soldat verzweifelt die Stadt, die er in seiner Erinnerung bewahrt hatte, wieder zu erspüren. Doch er stößt auf Kleingeist, Bigotterie, Regenwetter, bis er die Travessa do Vintém das Escolas erreicht, wo Frau und Kind wohnen. Aber auch dort, in einem ersten Blick auf die schlafende Familie, kann er die unangenehmen Gedanken an die Brutalität seines Angola-Aufenthalts nicht vertreiben. Da es dem Protagonisten nicht gelingt, in der Gegenwart Lissabons anzukommen, da sein Gedächtnis von Afrika, den Vorstellungen, die er sich dort von der Heimatstadt gemacht hat, besetzt bleibt, kommt er zum Schluss, dass Lissabon eine »Erfindung aus Kacheln« sei.

VERRAT. An der Kulisse, in der sich der Heimkehrer befindet, stört ihn vor allem die selbstgefällige Ignoranz der im Lande gebliebenen Portugiesen. Einerseits schickten sie Soldaten in den sinnlosen Kolonialkrieg und andererseits wollen sie mit den Rückkehrern nichts zu tun haben, da sie so mit der grauenvollen Wahrheit über das afrikanische Experiment konfrontiert würden. So bleiben ihm in Lissabon nur der Alkohol, Frauen und sein endloser Monolog, in dem alles enthalten ist, was ihn quält. Nachdem er zu seiner Familie nicht mehr zurückgefunden hat, nimmt er eine Wohnung im Arbeiterviertel Picheleira, das neben Benfica und Chelas einer der Lissabonner Bezirke ist, die in den Romanen von Antunes immer wieder vorkommen. Von seinem Küchenfenster aus blickt er auf den großen Stadtfriedhof Alto de São João an der Rua Morais Soares. Es beruhigt ihn, dass er von hier aus nicht das Meer, das ihn seiner Stadt so entfremdet hat, sieht, sondern nur einen Streifen des Tejo, »des Flusses ohne Geheimnis«, und dass die Räume der Wohnung fast leer sind und seinen Erinnerungen genügend Raum lassen.

Als er sich zu einem Besuch bei den alten Tanten aufrafft, um sich aus dem Militärdienst ins Leben zurück und die Erfüllung der von ihnen erwünschten Mission im Krieg zu melden, scheint es allerdings, als sei zwischen seinem Aufbruch nach Angola und dem Zusammenbruch des faschistischen Portugal keine Zeit vergangen. »Ich wartete stehend neben dem Klavier mit den Leuchtern, zwängte meine schüchternen Knochen zwischen eine Empirekonsole auf krummen Beinen, die voll gestellt war mit gerahmten, verstorbenen Generälen, und eine riesige Standuhr, deren grandioses Herz sanft das knackende Pendel bewegte.« Trotz aller Entbehrungen und Opfer hält der Neffe dem strengen Urteil der ewigen Kriegswitwen nicht stand. In ihren Augen ist er immer noch kein richtiger Mann geworden. Alles war vergebens.

HÖLLE. António Lobo Antunes, der mittlerweile seine Arbeit am psychiatrischen Hospital Miguel Bombarda aufgegeben hat und als Schriftsteller mit seiner Familie im Stadtteil Algés wohnt, war in einem herrschaftlichen Haus in Benfica aufgewachsen. Das Viertel, das Nichtportugiesen vor allem durch den gleichnamigen Lissabonner Fußballverein bekannt ist, wird vom riesigen, 100 000 Plätze fassenden Stadion geprägt. Benfica ist heute eine nicht gerade elegante Wohngegend mit Hochhäusern, viel Autobahn, Staub und dem vor kurzem eingeweihten Einkaufszentrum Colombo, das sich als das größte Europas bezeichnet. Antunes erinnert Benfica allerdings als Vorort mit viel Grün, weidenden Schafen und dem nahe gelegenen Zoo Sete Rios, wie er heute nicht mehr existiert: »Gehe ich heute nach Benfica, finde ich Benfica nicht mehr. Die Pfauen sind verstummt, auf der Palme vor dem Post-Gebäude nistet kein Storch mehr. Die Palme gibt es nicht mehr, das Landgut der Lobo Antunes ist verkauft.«

In einem seiner zuletzt ins Deutsche übersetzten Werke *Einblick in die Hölle* widmet sich der ehemalige Arzt erneut den psychischen Schäden, die die verheerende Geschichte Portugals angerichtet hat. Antunes prangert in diesem Buch vor allem die Missstände an, die seit der Revolution von 1974, in der die Portugiesen angeblich nur aus Angst zu Demokraten geworden waren, immer noch nicht behoben sind, sowie die sich weiter verstärkenden Gegensätze zwischen Arm und Reich. Er fragt, ob die Verhörmethoden der Geheimpolizei und der Psychiatrie sich nicht strukturell ähnlich sind, da beide einer Gehirnwäsche gleichen, die eine Biographie verändern, Erinnerungen löschen können. Er zieht Vergleiche zwischen der Allmacht eines Psychiaters, eines Diktators, eines Militärs. Die unterschiedliche Bewertung der Hirngespinste eines Reichen und der eines Insassen der psychiatrischen Anstalt sei nur eine Frage der Vermögens- und Machtverhältnisse. Die Imagination ist ein Privileg der Reichen, während die armen Verrückten als krank diagnostiziert, ihrer Fantasien beraubt und ruhig gestellt werden.

WAHNSINN. Die Psychiatrie betrachtet Antunes als Fortsetzung des Kolonialismus und des Krieges. Die Auswirkungen der Praktiken der Geheimpolizei, die Verheerungen, die sie in den Gedanken der Menschen angerichtet hat, sind bis heute in Portugal spürbar, meint er. Auch in diesem Roman taucht Lissabon vorwiegend als Gedankenlandschaft auf, immer wieder vermengt mit afrikanischen Fragmenten. Antunes beschreibt Details, landschaftliche und architektonische Feinheiten in derart übertriebener Weise, dass es meist zu einer verzerrten, fast karikaturhaften Schilderung der konkreten Orte kommt. Die konkreten Orte sind bloß der Auslöser für einen Wirbelsturm an Eindrücken und Betrachtungen, denen der Leser sich überlassen kann. Für denjenigen, der nach Antunes' Spuren in Lissabon suchen will, sind sie schwer zu fassen. Andererseits sind die von ihm erwähnten, weit abseits touristischer Pfade auszumachenden Gebiete tatsächlich authentischer als die Straßen und Gebäude, die ohnehin in den Fremdenverkehrsprospekten aufscheinen. Die Gegend um den Friedhof Alto de São João ist heute noch relativ unbelastet vom Lissabonner Neubauwahn und lässt die Stimmung der Anfangszeit des Estado Novo spüren. Dagegen kann ein Besuch im bombastischen Colombo-Einkaufszentrum vielleicht mehr Aufschlüsse über die heutigen Beziehungen Portugals zu Europa und zur Welt geben als ein Besuch des manuelinischen Turmes von Belém. Und sogar in den neu gestalteten Vierteln Chelas und Olaias gibt es Reste des alten Lissabon, wenn man nur gut genug schaut. Aber man muss schon ein eingefleischter Antunes- und Lissabon-Fan sein, um sich eine Tour durch diese Viertel zu gönnen. Das könnte ein Einblick in die Realität

Lissabons sein, wie sie in keinem Handbuch vermerkt ist, oder aber zu Enttäuschungen über den Verlust des schönen Bildes führen.

AFRIKANER. Von einer durch und durch antirassistischen Haltung geprägt sei auch heute noch das Verhältnis der Portugiesen zu den Afrikanern aus ehemaligen portugiesischen Kolonien, meinen viele. Man versteht sich als großer Bruder, reißt Witze über die Verdunkelung der Sonne, wenn sich Schwarze nähern, besucht aber gerne Diskotheken, in denen die in Lissabon lebenden Afrikaner Musik hören. In der Rua da Glória befindet sich das *Ritz,* das zu einem der Zentren für Musik aus den Kapverdischen Inseln geworden ist. Schwarze aus Mozambique, Angola und Guinea-Bissau treffen sich hier, um zu tanzen und Morna zu singen, eine Mischung aus Fado mit einer rhythmischeren, von afrikanischer Musik inspirierten Begleitung. International bekannt wurde diese kapverdische Musikform durch den Erfolg von Cesária Évora, deren Song *Sodade* auf die portugiesische *saudade* verweist.

Die Sonnenbrillen, Handtücher und abwaschbare Tattoos verkaufenden Schwarzen an den Stränden Lissabons stammen aber mittlerweile nicht nur aus ehemaligen Kolonien. Zwar erhält man im portugiesischen Fernsehen auch heute immer noch mehr Informationen über Afrika als in anderen europäischen Ländern, doch die lusophone Gemeinschaft hat sich nach dem Zusammenbruch des Imperiums kaum zu gemeinsamen Aktivitäten aufschwingen können, auch nicht auf wirtschaftlichem Gebiet.

Der Glauben an eine antirassistische portugiesische Gesinnung konnte deshalb so lange bestehen, weil sich bis zur Revolution 1974 kaum Schwarze im Lissabon aufgehalten hatten. Nach der Befreiung und Unabhängigkeit waren es vor allem die weißen Einwohner ehemaliger Kolonien, die im Mutterland Unterstützung bekamen, nicht die Schwarzen, obwohl sie bis 1975 die portugiesische Staatsbürgerschaft besaßen. Danach durften nur mehr weiße Afrikaner Portugiesen bleiben.

Eines der seltenen Dokumente über ein durch Vorurteile erschwertes Leben stammt aus der Feder von Mário Domingues, der als Sohn einer schwarzen Sklavin und eines portugiesischen Vaters Anfang des 20. Jahrhunderts von der Insel Prinicipe nach Lissabon geschickt worden war, um eine europäische Erziehung zu erhalten. Obwohl sein Vater für Unterkunft und Ausbildung bezahlte, durfte der Kleine nicht mit seiner Ziehfamilie essen, sondern aus einem auf den Boden gestellten Blechnapf. Statt der Kleider aus der vom Vater mitgeschickten Kiste bekam er Lumpen anzuziehen. Erst als sich die Großmutter seiner erbarmte, verbesserte sich seine Situation. Um ihm Demütigungen zu ersparen, hielt sie ihn von Konfrontationen mit der Außenwelt fern, sodass die rassistischen Zurufe, die er bei den wenigen Ausflügen erfuhr, umso schlimmere Wirkung zeigten. So fragte eine Besucherin seiner Großmutter den Jungen, ob er sich denn nicht schämen würde, derart schwarz sein. Sie verwendete den Ausdruck *escarumba* für ihn, wie die Lusitanistin Ilse Pollack in ihrem Aufsatz zu Mário Domingues erwähnt: »Er wusste nicht, dass es ein pejorativer Ausdruck für Menschen mit schwarzer Hautfarbe ist – und anscheinend so häufig verwendet, dass selbst gediegene portugiesische Wörterbücher es bis heute nicht der Mühe wert gefunden haben, dem etymologischen Ursprung dieses Ausdrucks nachzugehen, und sich in aller Schlichtheit mit der Feststellung begnügen: Escarumba = pessoa de raça negra.« Trotz aller Beeinträchtigungen schaffte es Mário Domingues, sich zu behaupten und wurde ein emsiger Verfasser von Kriminal-, Abenteuer- und historischen Romanen, zugleich Chefredakteur der Zeitschrift *A Voz d'África*, Stimme Afrikas, in der er sich zusammen mit anderen afrikanischen Intellektuellen gegen die

Kolonialpolitik Portugals engagierte. Doch er kämpfte nicht nur journalistisch gegen die Diskriminierung der schwarzen Portugiesen, sondern ebenso mit aufklärerischen Büchern wie *Africanos na Europa* oder *O Preto de Charleston*. 1977 starb er verarmt und vergessen in Lissabon – eine Wiederentdeckung seiner Werke steht noch aus.

NEUE FRAUEN. Auch eine der bekanntesten Schriftstellerinnen Portugals, Lídia Jorge, 1946 im Süden Portugals geboren, wurde vom Kolonialkrieg geprägt. Sie hatte als Frau eines portugiesischen Offiziers in Mozambique gelebt und die Absurdität des Kolonialismus mit eigenen Augen beobachten und einschätzen können: »Niemals und nirgendwo anders hätte ich in so kurzer Zeit einen Spiegel, eine Zusammenfassung all dessen finden können, was tief greifende soziale Konflikte, Veränderungen von Verhaltensweisen, Zusammenbruch des Imperiums und Gewaltverhältnisse auf allen Ebenen ausmachte.« Lídia Jorge verarbeitete ihre Erfahrungen im ersten Roman *Die Küste des Raunens* und hat seitdem die schwierigen Übergänge des alten Portugal in ein neues, nachrevolutionäres Land in ihren Büchern kritisch und poetisch behandelt.
Vor allem die sich verändernde Rolle der Frauen wird in ihren Protagonistinnen spürbar. Sie emanzipieren sich, leben in künstlerischen und kunsthandwerklichen Milieus, treffen sich in Cafés mit Namen wie *Intelecto,* essen im Restaurant *Solidão,* Einsamkeit, sie streifen durch die Straßen Lissabons, reisen durch die Stadt, als hätten sie erst nach der Diktatur ihre Bewegungsfreiheit entdeckt. Der Roman *Nachricht von der anderen Seite der Straße* setzt mit Erinnerungen um das Jahr 1977, drei Jahre nach der Revolution, ein. Die allein stehende Frau, Joia, produziert Puppen, welche von einer Zwischenhändlerin an andere Frauen verkauft werden. Die Portugiesinnen nehmen neuerdings ihr Schicksal in die Hand, wechseln Liebhaber,

Lídia Jorge (geb. 1946)

Ehemänner und bringen ihre Kinder allein durch. Leidtragender der lustvollen Erforschung der nachrevolutionären Stadtgeographie ist der kranke Sohn Joias, der den Liebhabern der Mutter im Wege steht. Doch die Frauen trauen sich alles zu: In einer typischen Lissabonner Szene – eine Straßenbahn wird durch ein falsch geparktes Auto gestoppt und alle Fahrgäste sind gezwungen zu warten – bietet sich eine Frau an, das Problem zu beheben: »Irgendjemand hatte bei der Polizei angerufen, und irgendjemand verlangte, die starken Männer sollten aussteigen und den quer stehenden Wagen zusammen hochheben, aber keiner rührte sich, und eine Frau stand von ihrem Platz auf. Das ist mir unvergesslich. ›Ich, ich‹, sagte sie. ›Ich kann das.‹ Nur als die Frau draußen war, schlug sie, statt zu dem Hindernis zu gehen, eine andere Richtung ein, und ehe sie an der Ecke war, hob sie frech ihren Rock bis zum Schlüpfer hoch.« Ein neues Selbstbewusstsein und die Lust an der Provokation kennzeichnen die veränderte Rolle der portugiesischen Frau. Die Zentralfigur des Frauennetzwerks im Roman aber, Anabela Cravo, die Zwischenhändlerin – ihr Nachname *Cravo*/Nelke, weist auf die kurz zuvor stattgefundene Nelkenrevolution –, stellt sich nach und nach als Verräterin und ewige Mitläuferin heraus. Die Puppen, die sie angeblich weiterverkaufte, hat sie in ihrer Wohnung gehortet, das Netzwerk war fingiert.

PARADIES. In Jorges Roman *Paradies ohne Grenzen* geht es Ende der achtziger Jahre bereits um die Unterschiede zwischen einer neuen Generation, welche die Revolution als Kinder erfahren hatte, und jener, die die Diktatur und ihren Umsturz sowie das letztendliche Scheitern der Revolution mitverfolgt hatten. In der Architektur eines Lissabonner Hauses sind die Konflikte zwischen Bürgerlichkeit und Bohème, zwischen Vergangenheit und Gegenwart, auf symbolische Weise repräsentiert. Wie bei Antunes ist dieses Haus am Wasser als Metapher für Portugal zu verstehen.

Die Erzählstränge laufen bei einer Schriftstellerin zusammen, die zur Untermiete im Haus wohnt und von sich selbst nur als Bewegung ihrer Schreibmaschine spricht, als Zeichnerin des Personengeflechts, dessen Verbindungen sich im Laufe des Geschehens ständig verändern. Die jungen Leute im Obergeschoss widmen sich verschiedenen Künsten, der Schauspielerei, dem Film. Die besondere Fähigkeit des am meisten beschriebenen jungen Mannes, des Static Man, ist die Kunst stillzustehen, was man boshaft als spezifisch portugiesische Fähigkeit bezeichnen könnte, obwohl Schausteller dieses Art in allen Fußgängerzonen der Welt anzutreffen sind: »Leozinho stand zwischen der Agfa-Reklame und der Schneiderei Correia und rührte sich nicht mit seinem weiß verkleisterten Haar, alles, Gesicht, Körper und Bekleidung, in denselben Farben.« Seine Freundin und

Managerin, die ihn dazu anhält, die bewegungslosen Zeiten zu verlängern, um einen Weltrekord zu erzielen, ist gleichzeitig die Geliebte älterer Männer, stellt also ein Verbindungsglied zur älteren Generation dar. Der Filmemacher findet es problematisch, in Lissabon aufregenden Stoff für einen Film zu finden. Im Gegensatz zu London, Chicago oder New York sterben hier die Menschen geruhsam in ihren Betten und die Weltgeschehnisse erreichen Lissabon mit beträchtlicher Verspätung.

Diese Zeitverzögerung scheint das einzige Problem der Jugendlichen zu sein, die sich nach Anschluss an die Welt und nach Bedeutung sehnen. Die Erzählerin aber erliegt zuweilen der Versuchung, den Dingen ihren Lauf zu lassen und sich der träumerischen Stimmung Lissabons hinzugeben: »Ja, ich gebe zu, manchmal brauchten wir uns nur auf den Boden zu legen, den Blick fest auf den Horizont der Stadt gerichtet, und irgendwann geschah dann alles, was wir uns wünschten. Wir konnten weiter abwarten.«

ALPTRAUM. Die jungen Leute wenden sich radikal gegen vergangene Strukturen, die sie in der im Untergeschoss wohnenden Kleinfamilie verkörpert sehen: Lanuit, ein ehemaliger Widerstandskämpfer, ist nun zwangsläufig bürgerlich und angepasst, obwohl er seine Erinnerungen an die Folter, der er ausgesetzt war, nicht loswerden kann. Daher arbeitet er an einem Buch über die Verräter und Kollaborateure und will mit diesem belastenden Material die Gegenwart zurechtrücken. Doch auch die Ideale der Revolution entpuppen sich bei genauerer Betrachtung als Fantasien, wie ihm ein ehemaliger Kamerad erklärt. Völlig desillusioniert wird Lanuit aber, als er zufällig eine Performance des Static Man sieht. Denn die Haltung des jungen Mannes mit ausgebreiteten Armen auf seinem Podest war exakt die Foltermethode der Geheimpolizei, um den Willen der Widerständigen zu brechen: »Dieser Mensch

(…) stand so da, um ihn und alle jene zu verhöhnen, die vor Jahren in den Polizeiverliesen hatten *Statue* machen müssen, weil sie Menschenleben schützen, Ideen verteidigen, das geheiligte Banner der Utopie hochhalten wollten. Sie hatten Stunden und Stunden ohne Wand im Rücken und mit ausgebreiteten Armen wie Christusfiguren stehend gelitten. Hier war es umgekehrt. Hier stand dieser Clown und trainierte für nichts, für absolut *nichts*, was nach Aussage seines Plakats sein *Alles* war.«

FEUER. Um Geld zu verdienen, nimmt Lanuit den Auftrag an, ein Kaufhaus, das Grande Armazen, in Brand zu setzen, Lídia Jorges Replik an das tatsächlich stattgefundene Feuer im Kaufhaus Grandella, das 1988 auf Brandstiftung zurückzuführen war und einen Teil der Baixa zerstörte. Der Versicherungsbetrug war damals ohne Rücksicht auf Menschen und die historische Bausubstanz Lissabons erfolgt. Für Jorge wird dieses Ereignis zum Symptom der ideologischen und moralischen Verwirrung fünfzehn Jahre nach der Revolution – in einem Land, wo ehemalige Widerstandskämpfer, die mit ihrer Trauerarbeit nicht zu Ende kommen, aus dem Verkehr gezogen werden und Profithaie, denen nur das schnelle Geld und nicht die Entwicklung Portugals wichtig ist, das Sagen haben. Die Figuren der als Versuchsanordnung vorgestellten Geschichte in *Paradies ohne Grenzen* enden daher alle tragisch. Eine nach dem anderen verschwindet aus dem Planspiel: Die Hausfrau wird verrückt und in die Psychiatrie eingeliefert, ein junger Mann wird wegen eines T-Shirts getötet, einer wird schwerkrank und kommt in die Klinik. Eine Bewunderin des Static Man stirbt an einem Bandwurm, den sie sich setzen ließ, um ihm zuliebe abzunehmen. Der Widerstandskämpfer kommt zur Brandstiftung zu spät, ein anderer war schneller gewesen. Der Static Man setzt sich als höchstes Ziel, die Zeit beherrschen zu lernen und im Warten die Zeit selbst aufzuheben. Er stirbt

aber daran. Sein Traum, die Performance in New York fortzu-
führen und seinem Bemühen internationale Dimension zu verleihen, scheitert.

Ein Hauptschauplatz des Romans ist die Rua Augusta, Kreu-
zungspunkt zwischen dem alten und dem neuen Lissabon: Sie
verbindet die Stadt mit der Welt, da sie in gerade Linie zum
Meer führt, und wird gleichzeitig zum Tummelplatz der Welt,
da hier die Besucher aus allen Ländern flanieren. Sogar das
heute völlig umgebaute Café Suiça findet als Treffpunkt mit Erinnerung an die romantische Geschichte Portugals Erwähnung.

ANSCHLUSS. Mit dem Roman *Paradies ohne Grenzen*
zeigt Lídia Jorge ein Lissabon, das seine Tradition nicht vergessen hat, gleichzeitig aber Anschluss an Europa und die Welt
sucht. Die Jugendlichen verfehlen ihr Ziel, weil sie das Alte
nicht anerkennen wollen. Die Autorin erklärt in einem Interview: »Man muss mit seinen Füßen auf dem eigenen Territorium stehen können, um in der Lage zu sein, fortzugehen und
sich weiterzubewegen. Man muss seine Vergangenheit kennen –
was besonders in einem Land mit so langer Diktaturpräsenz
wie Portugal unverzichtbar ist. Meine Protagonisten aber wollen all dies kappen und sich in neuen Dimensionen bewegen:
Dafür liebe ich sie und deswegen habe ich auch Angst um sie.«
Lissabon ist für Jorge durch seine Anlage, seine Bauweise eine
labyrinthische Stadt, eine weibliche Stadt, »die sich versteckt,
die nicht alles auf das geometrische Maß ausrichtet, die nicht
alles offen zeigt, auch den Reichen und den Reichtümern ihre
verborgenen Winkel lässt.« Die berühmte *saudade* möchte die
Autorin nicht auf eine nationale Gefühlslage beschränken, sondern als universelle Sehnsucht des Menschen, eine Suche nach
etwas Verlorenem begreifen, so wie Alexander Kluge Gefühle
als Antrieb einer Sehnsucht der menschlichen Zellen nach
ihrem Urstoff zu erklären versucht.

VI. Wiedererfundene Stadt

WEIBLICHE GESCHICHTE. Neben einer verstärkten Beschäftigung mit der Vergangenheit Portugals tritt in den achtziger und neunziger Jahren des 20. Jahrhunderts vor allem die Literatur von Frauen hervor. Die Autorinnen arbeiteten sich nach der Revolution aus dem Schatten des patriarchalischen Gesellschaftsgefüges und bereicherten die Darstellung von Geschichte und sich verändernder Gegenwart aus weiblicher Perspektive. Einen ersten, Beispiel gebenden Akzent setzten die kurz vor der Revolution erschienenen *Neuen Portugiesischen Briefe* der drei Autorinnen Maria Isabel Barreno, Maria Teresa Horta und Maria Velho da Costa. Der Titel spielt auf die *Portugiesischen Briefe* der Nonne Mariana Alcoforado an, die ihre Affäre mit einem französischen Offizier beschreiben. Diese Neufassung wurde wegen ihrer freizügigen Darstellung weiblicher Sexualität zum Skandal erklärt und wegen Verletzung des öffentlichen Anstands sogar beschlagnahmt. Erst 1974, nachdem die Autorinnen freigesprochen wurden, konnten die *Neuen Portugiesischen Briefe* wieder erscheinen. Die von der katholischen Kirche und dem faschistischem Staat legitimierte Unterdrückung der Frau wurde nur allmählich aufgehoben. Der Schnelligkeit des Umsturzes stand eine Schwerfälligkeit in der Veränderung von Denk- und Lebensweisen entgegen, wie Lídia Jorge in einem Interview deutlich macht: »Die Revolution als Prozess war ein Drahtseilakt zwischen Träumen und Selbstentzauberung, eine Dialektik von Wunschbildern und Selbstverwirklichung.«

Neben der ins Deutsche übersetzten Jorge behandelt auch die

in Angola geborene Olga Gonçalves ihre Enttäuschung über eine auf die Revolution von 1974 folgende Wiedereinsetzung alter Strukturen. Durch ihre Biographie bedingt, setzt sich Olga Gonçalves in ihren Texten besonders mit dem Kolonialismus und der Emigration auseinander. Leider sind ihre Romane über portugiesische Emigranten in Deutschland bis heute nicht ins Deutsche übersetzt, etwa *A floresta em Bremerhaven.*

Die Anfang der neunziger Jahre bekannt gewordene Clara Pinto Correia versucht in *Das Alphabet der Frauen* eine Bestandsaufnahme der weiblichen Suche nach einer Identität zwischen alten Vorgaben und neuen Entwürfen. Die modernen Frauen Portugals sind zwar noch bestimmt von den Modellen ihrer unterwürfigen Mütter, streben aber nach Selbstständigkeit im Berufsleben und männlichen Partnern, die ihre Unabhängigkeit respektieren.

ALTE MYTHEN. Häufig bleibt den Frauen jedoch nichts als eine Wiederaufnahme der alten Mythen unter geändertem Vorzeichen, wie schon die Eingangsszene in *Das Alphabet der Frauen* zeigt: Da Celestes Liebhaber ein Matrose ist, befindet sie sich in der klassisch portugiesischen Position einer zurückbleibenden Frau mit – allerdings ironisch gebrochenem – Blick auf den seefahrenden Mann: »Langsam kehrt sie zurück in das Halbdunkel ihrer Wohnung, lächelt über sich und das unwirkliche Bild jenes Seemannsgeliebten inmitten von Kompassen und Hebekränen, Knoten und Seemeilen, ein Geliebter in Delphinflossen, der plötzlich auftaucht neben dem Schiffsrumpf und neben gesichtslosen Frauen, die frühmorgens in den verlassenen Häfen leise vor sich hin singen.«

Nur dass die neue Generation von Frauen nicht mehr jahrelang auf den einzigen Mann wartet, sondern sich auf der Suche nach dem eigenen Wohlbefinden in einen Reigen wechselnder Gelegenheiten stürzt, Liebeskummer und Verrat in Kauf nehmend. Obwohl sie ihre Großmütter als bewundernswerte Matriarchinnen ansehen, die ihre Machtposition nicht zuletzt durch die oftmalige Abwesenheit des Ehemannes aufrecht erhielten, ziehen die jungen Frauen es dennoch vor, die alten Mythen kritisch zu befragen und nicht mehr als alleinige Modelle ihres Verhaltens anzuerkennen. Auch Lissabon mit seinen Gebäuden erscheint ihnen als eine über die Jahrhunderte entstandene Schichtung. Die Wege durch die versteckte Geschichte der Alfama z. B. weist allerdings ein männlicher Begleiter: »Ich durchwanderte mit ihm ein Labyrinth von Namen und Jahrhunderten, hinter den Portalen und Pelargonien erwachte alles zu neuem Leben, eigens für mich, dieses Haus wurde aus den Steinen des anderen erbaut, welches wiederum auf dem Fundament eines älteren errichtet war.«

FALSCHE TÖNE. Wie die alten Mythen, die jahrhundertelang weibliche Geschlechterrollen prägten, sind die vergangenen portugiesischen Werte in Clara Pinto Correias *Alphabet der Frauen* nur mehr als spöttisches Zitat wahrnehmbar. Die Fado-Klänge in einem Restaurant zum Beispiel dienen lediglich als kurzer Einstieg in Gefühlswelten, denen kaum mehr Glauben geschenkt werden kann: »Dort vor uns und eigens für uns, hieß es, *aus dem Schweigen sind betend erwacht Ave-Marias aus Licht.* Vielleicht hatten wir zu viel getrunken. Vielleicht war es auch eine Wirkung der kollektiven Trance, die uns umgab. Denn nun brach, begleitet von neuen Akkorden, ein unkoordinierter Chor von falschen Einsätzen aus *Fado, flackernde Flamme des Fanals.* Sie erhoben die Gläser, prosteten sich zu, *geheiligter Gitarrenklang, Vaterunser Portugals.*«
Diese falschen Töne und der Gegenwart nicht mehr angemessenen Klänge führen in jeder Hinsicht immer wieder zu einer Enttäuschung, weil es keine klaren Modelle für eine andere weibliche Identität gibt. Halt bietet indes die Gemeinschaft der

Frauen, eine Schicksalsgemeinschaft, in der man zuweilen Trost und Rat finden kann, manchmal aber nur Tipps für Restaurants, Schönheitssalons und Shopping.

TRAURIGE HELDINNEN. Auf originelle Weise betreibt die Dichterin Adília Lopes ihre Neuinterpretation alter Märchen. In *Aschenputtel* verliert die Heldin, nachdem sie eine Nacht mit dem Prinzen verbrachte, nicht den Schuh, sondern ihren Büstenhalter. Der Liebhaber macht sich gar nicht die Mühe, alle Frauen seines Reichs das Kleidungsstück anziehen zu lassen, sondern probiert lieber die Frauen. Nachdem er aber Stiefmutter und Stiefschwester in seinem Bett empfangen hatte und sie sich als schlechte Liebhaberinnen erwiesen, ekelt ihm. Er erbricht sich und findet in der Frau, die willig sein Erbrochenes aufwischt, Aschenputtel wieder. In einem Gedichtzyklus bezieht sich Adília Lopes auch auf die Stammmutter portugiesischer Autorinnen, die schon erwähnte Nonne Mariana Alcoforado, stellt diese allerdings als moderne, abgeklärte, leicht melancholische Liebhaberin vor. Lopes zerlegt die alten Mythen mit einer gehörigen Portion Humor und trotzigem Widerstand gegen Konventionen. Ihren wahrhaft genialen Ausdruck findet Lopes' Umwertung in einem Gedicht, abgedruckt in der einzigen ins Deutsche übersetzten Ausgabe ihrer Werke *Klub der toten Dichterin*:
«Camões kämpft im Süden / und rettet schwimmend ein Buch», gefolgt von einer, sogar als Schriftbild auf den Kopf gestellten Replik: »Ein Buch im Süden / rettet Camões vor dem Ertrinken.«

GENERATIONEN. In Inês Pedrosas Roman *In deinen Händen* werden vor allem die Unterschiede und wechselseitigen Verstrickungen dreier Frauengenerationen herausgearbeitet: Jenny, die Großmutter, verkörpert die passive Rolle einer

Frau, die nie selbst bestimmen kann, wie ihr Leben verlaufen soll. Ihre Ziehtochter, Camilla, repräsentiert die Generation des Widerstands gegen die Salazar-Diktatur. Die rebellische Fotojournalistin wird von ihrer besten Freundin Glória, einer ewigen Mitläuferin, an die PIDE verraten, gefoltert und eingesperrt. Schließlich geht Camilla nach Mozambique und bekommt von einem afrikanischen Unabhängigkeitskämpfer ein Kind. Ihre Tochter Natália erfährt in ihrer Kindheit den portugiesischen Rassismus am eigenen Leibe, da sie die widersprüchliche Haltung Portugals zu seinen afrikanischen Kolonien verkörpert. Obwohl sie unabhängig und selbstständig als Architektin arbeitet, sucht sie dennoch die Verbindung zur Großmutter und zieht in der Folge sogar in deren Haus. Natália streift durch ein postmodernes Lissabon, sucht mit befreundeten Künstlern das Szenelokal Frágil in die Rua da Atalaia auf und gerät in Kontakt mit Korruption, was an die Skandale um den Stararchitekten Tomas Taveira erinnert. Auf der Suche nach ihren Wurzeln väterlicherseits fährt sie nach Afrika, findet aber nur grausame Spuren der kolonialen Präsenz Portugals und des Kampfes um Unabhängigkeit. Zurück in Lissabon versucht Natália den Kreis der Generationen zu schließen, um in einer Anerkennung des Vergangenen einen möglichen Weg für die Zukunft zu finden. Das Abschlussbild gibt aber zu Hoffnung kaum Anlass: Natália liegt im Haus der Großmutter, gekleidet in deren Nachthemd, auf dem Bett und erwartet den Besuch des Liebhabers. Ob diese Rückkehr in die wartende Passivität des Weiblichen ihre Erfüllung findet, bleibt offen.

POSTKOLONIAL. Die Autorin Maria Velho da Costa hat mit ihrem Roman *Missa in Albis* den Versuch gewagt, das postkoloniale Erbe Portugals als Chance zur Vielstimmigkeit zu verstehen, als Suche nach einer Möglichkeit, die verschiedenen kulturellen Einflüsse der Eroberungsgeschichte jenseits von Macht und Herrschaft für eine neue Definition kultureller Identität zu nutzen. Neben Vertretern verschiedener Generationen, verschiedener sozialer Klassen und Berufsständen treten in *Missa in Albis* auch »Menschen aus dem Norden, der Mitte und dem Süden des Landes; vom Land und aus der Stadt, Menschen galizischer oder englischer Abstammung; Menschen, die in Portugal, Timor, Japan und Brasilien leben«, auf. Ein Chor der verschiedenen Perspektiven und sich überlagernden Stimmen berichtet von Ereignissen, die die Geschichte Portugals prägten, wobei keinem der Sprecher Dominanz zugestanden wird und alle durch die Geschehnisse gleich gebrochen werden. In dieser Wahrnehmung der vielfältigen kulturellen Einflüsse besteht wahrscheinlich eine Chance des modernen Portugal, sich neu, jenseits von monokulturellen Herrschaftsansprüchen zu definieren. Das könnte auch gegen die geringe Beachtung Abhilfe schaffen, die Portugal als Vertreter einer »kleinen Literatur« entgegengebracht wird, obwohl Portugiesisch von mehr Menschen gesprochen wird als Deutsch. So klagte der Autor José Saramago in einer Rede zur Frankfurter Buchmesse 1997, als dort die portugiesische Literatur Schwerpunktthema war: »In der Welt gibt es keinen Platz mehr für die kleineren Länder, es sei denn, es gelingt ihnen, in den Club der reichen Länder aufgenommen zu werden.« Eine berechtigte Angst, wenn man bedenkt, dass einer kurzfristig hektischen Übersetzer- und Herausgebertätigkeit aus Anlass dieser Buchmesse kaum Nennenswertes folgte. Und die eifrigen Versuche der portugiesischen Politik, sich mit den Mächtigen, den USA und England vor allem, zum Beispiel in Sachen Irak-Krieg zu alliieren, wirft bloß einen noch größeren Schatten auf das kleine Land, wenn es nicht dadurch sogar vollständig aus dem Blickfeld gerückt wird. In seiner Rede bezieht Saramago Trost aus der Behauptung, dass es im Bereich der Kultur keine Unterschiede zwischen Groß und Klein gäbe, ein frommer Wunsch in einer Zeit, wo jegliche kulturelle Ausformung Marktmechanismen und Machtverhältnissen unterworfen ist.

JÜDISCHE STADT. In den letzten Jahren ist es zunehmend zu einer Aufarbeitung des jüdischen Lissabon gekommen. 1996 fand eine Gedenkfeier für die vertriebenen Juden statt, man veranstaltete ein Symposium zum jüdischen Erbe und das portugiesische Fremdenverkehrsbüro gab eine Broschüre über Juden in Portugal heraus. Auf dem Largo de São Domingos wurde ein Denkmal für die Opfer der Vertreibung und Verfolgung des Jahres 1506 gesetzt. Damals waren Tausende Neuchristen, wie man die zwangsgetauften Juden bezeichnete, ermordet worden. Viele von ihnen wurden am Rossio öffentlich verbrannt. Die Verfolgung der jüdischen Gemeinden hatte im Dezember 1496 eingesetzt, als der portugiesische König Dom Manuel die Juden anwies, das Land innerhalb von zehn Monaten zu verlassen. Gleichzeitig wurden jüdische Kinder unter vierzehn Jahren zwangsgetauft und christlichen Familien übergeben. Im Herbst darauf nötigte man die im Land verbliebenen Juden, zum christlichen Glauben überzutreten. Von fanatisierten Christen und der Inquisition weiterhin bespitzelt und verfolgt, verließen viele der Neuchristen Ende des 16. Jahrhunderts das Land, um in jüdischen Gemeinschaften Nordeuropas, der Türkei, Griechenlands, Nordafrikas und später in Amerika zu leben.

Inzwischen gibt es durch einen Lehrstuhl für die Geschichte der Juden an der Lissabonner Universität sowie durch die Zeitschrift *Estudos Judaicos* endlich Mittel und Raum, das reiche jüdische Erbe Portugals zu erforschen. Ironischerweise dienen nun gerade die Akten der Inquisition, die im Arquivo National da Torre do Tombo lagern, zur Vertiefung der Kenntnisse über jüdische Geschichte – die Aufzeichnungen jener Institution der katholischen Kirche also, welche zum Ziel hatte, jegliche Erinnerung an die Juden auszulöschen.

TOTER KABBALIST. Die schwere Zeit der todbringenden Verfolgung der Juden beschreibt ein 1997 erschienener Roman, *Der Kabbalist von Lissabon*, verfasst vom amerikanischen Autor Richard Zimler. Die in eine Kriminalgeschichte verpackten historischen Ereignisse verlieren sich zuweilen in Beschreibungen des jüdischen Alltagslebens, das mit Badehäusern, Schulen, Krankenhäusern, Gefängnissen, Friedhöfen, Bruderschaften so gut wie das der christlichen Mehrheit organisiert war und bis dahin mit ihm in regem Austausch gestanden hatte. Zimler betrachtet die Vertreibung der Juden als Verlust für Lissabon, ohne die jüdische Bevölkerung sei die Stadt »von innen ausgehöhlt«, eine »Stadt ohne Zukunft«. Der Erzähler Berekia, ein junger Jude, wohnt in der Rua de São Pedro, wo sich auch die Synagoge befindet: »Unsere Synagoge in der Judaria Pequena war im christlichen Jahr 1374 auf einem Hügel am südlichen Ende von Lissabons alter Wehrmauer erbaut worden. Auf der anderen Seite der Synagoge führte die Rua de São Pedro vorbei. Hier hatten unsere Ahnen den Eingang zur *miqve* der Gemeinde gelegt. Sie bestand aus mehreren übereinander liegenden, in den Stein geschlagenen Becken, die von einem unterirdischen Strom gespeist wurden.« Auf der Suche nach dem Mörder seines Onkels, des berühmten Kabbalisten, streift der junge Mann durch das wegen der Pogrome für ihn gefährlich gewordene Lissabon und trifft überall auf Spuren der Grausamkeit. So findet er nach dem Erlöschen der Scheiterhaufen unzählige Zähne verbrannter Juden verstreut auf dem Rossio. Er wundert sich über die scheinheilige Teilnahmslosigkeit der Lissabonner, als ihm eine Frau erklärt, dass es den Juden bestimmt gewesen wäre, auf dem Rossio »das Herz Gottes zu wärmen«: »In ihrem Bemühen um eine euphemistische Ausdrucksweise verstiegen sich die Lissabonner manchmal zu den absurdesten und monströsesten Bildern. Wenn es darum ging, mit der Zunge einen Skorpion in eine Rose zu verwandeln, gab es auf der ganzen Welt kein Volk, das die Bürger dieser Stadt übertreffen konnte.« Sogar das berühmteste Gemälde der Stadt, *Die Versuchung des hl. Antonius* von Hieronymus Bosch, findet Eingang in Zimlers Roman. Als Berekia den Estaus-Palast aufsucht, sieht er dort ein Triptychon, in dessen Zentrum ein weißbärtiger Heiliger inmitten Furcht erregender, fantastischer Wesen betet. Der Estaus-Palast befand sich im 15. Jahrhundert an der Stelle des heutigen Theaters Dona Maria am Rossio und diente später als Sitz des Inquisitionsgerichts.

DISKRIMINIERTE MAUREN. Berekias bester Freund, Farid, ein Maure, ist als Angehöriger einer Minderheit, genauso wie der junge Jude, nicht erwünscht in Lissabon. Der Erlass von König Manuel galt nämlich auch für die maurische Minderheit: Entweder man bekehrte sich zum Christentum oder musste Portugal verlassen. Die Konvertiten wurden als *mouriscos* bezeichnet, wie auch die getauften Sklaven. Ob Juden oder Mauren, beiden ethnischen Gruppen ist schließlich keine Zukunft in Lissabon beschieden. Berekia flieht daher mit den Überlebenden des Pogroms wie viele der vertriebenen spanischen Juden nach Konstantinopel, wo sich die größte jüdische Gemeinde Europas versammelt. In einer Rahmenerzählung weist Richard Zimler darauf hin, dass im Laufe der Jahrhunderte nur die in islamischer Umgebung lebenden Juden toleriert wurden, nicht aber die in christlichen Ländern.

Bis auf Ortsbezeichnungen, Namen und Lehnwörter ist von der einstigen Anwesenheit dieser beiden Minderheiten in Lissabon heute kaum mehr etwas spürbar. Dabei waren die Mauren schon seit 711 auf der Iberischen Halbinsel gewesen, als sie wegen Konflikten unter den damals dort herrschenden Westgoten von einer oppositionellen Gruppe zu Hilfe gerufen worden waren und das Gebiet bis in den Norden eroberten. Sie hielten sich immerhin mehr als vier Jahrhunderte im Lande auf. Unter ihrer Herrschaft florierte Lissabon, bis 1144 der maurische Einfluss nach dem Zerfall des Kalifats von Córdoba geschwächt wurde und den Boden für die christliche Reconquista, die so genannte Rückeroberung, bereitete.

RECONQUISTA. 1147 erreichte eine Armada von 164 Kreuzfahrerschiffen unter der Führung von Dom Alfonso I. Lissabon, um die Stadt zu belagern. Der selbst ernannte König von Portugal hatte die auf dem Weg nach Palästina befindlichen Kreuzritter um Hilfe gebeten und ihnen das nach einem Sieg zu plündernde Gut als Lohn vorgeschlagen. Nach vier Monaten konnten die christlichen Eroberer Lissabon einnehmen. Sie zerstörten die islamischen Gotteshäuser und errichteten Kirchen auf den Trümmern. Alle Mauren, die ihren Glauben behalten wollten, wurden aus der Stadt vertrieben und ließen sich daher außerhalb der befestigten Mauern, im bis heute namentlich daran erinnernden Stadtteil Mouraria am Nordhang der Burg nieder. Die Einnahme der Stadt ist auf einer Serie von kunstvoll bemalten Kacheln in der Kirche von Santa Luzia am gleichnamigen Platz in der Alfama abgebildet.
Rund um das Castelo de São Jorge spielt auch José Saramagos Roman *Geschichte der Belagerung von Lissabon*. Der Korrektor Raimundo Silva fügt in ein historisches Werk über die Belagerung ein »Nicht« ein. Im Gegensatz zur Vorlage behauptet er damit, dass die Kreuzritter den Portugiesen bei der Eroberung von Lissabon nicht geholfen hätten. Damit verändert er die Geschichte und in weiterer Folge sogar die Gegenwart. Er beginnt seine eigene Version der Belagerung zu schreiben, wird zum aktiv Gestaltenden und gewinnt dadurch die Liebe seiner Vor-

gesetzten Maria Sara. Auf langen Gängen durch das Viertel um das Castelo de São Jorge erkundet der Korrektor die Altstadt, versucht sich nach vergangenen Gesichtspunkten zu orientieren und der ehemals maurischen Herrschaft Lissabons nachzuspüren.

CASTELO DE SÃO JORGE. Raimundos Blick von der Burg, damals wie heute, ein prominenter Aussichtspunkt, erlaubt Saramago eine kurze Bestandsaufnahme des gegenwärtigen Lissabon, das zum Zeitpunkt der Abfassung des Romans vom Brand des Chiado geprägt war: »Raimundo Silva tritt an die Mauerbrüstung, schaut in die Tiefe und in die Weite, da sind die Dächer, ragen Fassaden und Giebel hervor, zur Linken der Fluss, vom Lehm schmutzig, dort der Triumphbogen der Rua Augusta, das Gewirr der schachbrettartig angelegten Straßen, dieser oder jener Zipfel eines Platzes, die Ruinen des Carmo-Klosters, und die anderen, vom Brand übrig gebliebenen.« Diese Aussicht wird dem Korrektor vor allem durch die gewaltige Anlage des Einkaufszentrums Amoreiras verleidet, die tatsächlich gigantomanisch das Stadtbild überragt. Der 1984 errichtete, rosafarbene postmoderne Bau symbolisierte einen Paradigmenwechsel in Lissabon. Mit ihm schien eine neue Epoche angebrochen, in der der Kapitalismus endgültig willkommen geheißen und die alten Strukturen des Kleinhandels und der traditionellen Restaurants verabschiedet wurden. Alles strömte in diese im verwahrlosten Viertel Amoreiras errichtete Burg der Reichen, um die moderne Zeit zu besichtigen. Doch nicht jeder wird von den gestrengen Wächtern eingelassen, um sich in opulent ausgestatteten Supermärkten, Boutiquen oder Restaurants zu verlieren. Dort, wo früher Maulbeerbäume für die Lissabonner Seidenproduktion wuchsen, *amoreira* heißt Maulbeerbaum, verbreiten nun monumentale Glasbauten eine eigenartige Aura, wie auch der Held in

Robert Wilsons Krimi *Tod in Lissabon* bemerkt: »Diese Türme sind irgendwie fremd … sie sehen aus, als wollten sie die Stadt töten, ihre ganze Kraft aussaugen.« Von seinem früheren Glanz hat das Einkaufszentrum inzwischen einiges verloren, gigantisch wirkt es jedoch noch heute. Verglichen dazu erscheint dem Korrektor in Saramagos Roman die Festungsanlage klein, sie »wirkt wie Spielzeug, eine Art Lego«. Raimundo Silvas Wohnung befindet sich in der Rua Milagre de Santo António, knapp unterhalb der Burg. Von hier aus bricht er zu seinem Rundgang auf und steigt vorerst die lange, steile Treppe, die Escadinhas do São Crispim, hinunter, deren Geländer von den Kommunisten gespendet wurde.

MAUERRESTE. Raimundo Silva erreicht am Fuße der Treppe die Calçada do Correio Velho und kommt auf den Platz Santo Antonio da Sé, wo sich im Mittelalter ein Stadttor befunden haben soll. Weiter hinunter zum Fluss durchschreitet er die Rua dos Bacalhoeiros, in der man heute vor allem preiswerte Restaurants und Cafés finden kann. Die meisten Mauern und Tore des mittelalterlichen Lissabon allerdings sind verschwunden; die christliche Belagerung hat zerstört, was es zu zerstören gab. Daher bleibt Raimundo nur die Imagination jener vergangenen Epoche: »Da bot Lissabon den Anblick eines Schmuckstücks, das sich sozusagen an den Hang legte, wollüstig der Sonne dargeboten, überflutet von Lichtergeflirr, überragt dort oben von der Burgmoschee, deren grüne und blaue Mosaiken schillerten.« Der Korrektor betritt durch den Torbogen des Chafariz d'El-Rei schließlich erneut die Alfama, wo er in der Rua de São João da Praça zu Mittag isst. Die Rua Norberto de Araujo hinaufsteigend entdeckt er doch noch einen Rest der alten Mauer. Indem Raimundo den Spuren nachgeht, findet er neue Versionen der Geschichte und damit eine andere Identität. Die Stadt stellt sich ihm wie für Saramago als Aufeinanderschichtung der Epochen vor. Seine Wiedererweckung jenes entscheidenden Umschwungs in vorchristlicher Zeit ist durchaus von Parteinahme für die besiegten Mauren geprägt, wohl auch weil sich die Gegenwart Lissabons unbestritten christlich darstellt.

ISLAM. Im Gegensatz dazu sind die Spuren maurischer Herrschaft im Süden Spaniens unübersehbar und zu touristischen Attraktionen geworden. Hier träumt zudem eine ständig steigende Zahl von Muslimen von einer Rückeroberung im Zeichen des Islam. So wurde im maurischen Altstadtviertel Granadas im Sommer 2003 eine Moschee eingeweiht, um den Muslimen Gelegenheit zu Andacht und Sammlung zu bieten. Und sogar hier wird Geschichte neu interpretiert: So sei das Konzept der Reconquista falsch, wie ein Professor der Universität Granada behauptet, da es vor den Moscheen, die die Araber im ersten Jahrtausend errichteten, keine Kirchen gegeben habe. Die Christen hätten diesen Mythos erst später ins Leben gerufen, um sich für Repressionen, Zwangstaufen und Vertreibung von Andersgläubigen zu rechtfertigen.

Da die Iberische Halbinsel geographisch Nordafrika so nahe ist, kommt ihr heutzutage die Rolle einer Bastion für die Flüchtlinge aus dem Süden zu. Spanien kämpft gemeinsam mit Marokko gegen den Drogen- und Menschenhandel zwischen Afrika und Europa. Portugal hingegen fühlt sich zuweilen dem nordafrikanischen Nachbarn näher als den europäischen Nationen, wie Anfang der neunziger Jahre ein portugiesischer Premierminister behauptete. Wahrscheinlich aber war diese Bemerkung vor allem dazu angetan, dem jahrhundertelangen Nachbarn und Rivalen Spanien wieder einmal eins auszuwischen und die kalte Schulter zu zeigen.

Seit dem Beitritt Portugals zur Europäischen Union 1986 stellte sich jedoch die Frage nach der portugiesischen Identität und der Bedeutung des kleinen Landes innerhalb Großeuropas erneut. Der Begeisterung über die EU-Mitgliedschaft stand von allem Anfang die Sorge um eine Auflösung des authentischen Portugal im Gesamtzusammenhang Europas entgegen. Infolgedessen bemerkt der Philosoph Eduardo Lourenço schon 1992 das Aufkommen einer neonationalistischen Ideologie, die im Bestreben, sich abzugrenzen, erneut an nichteuropäische Einflüsse der portugiesischen Kultur, wie die jüdischen oder arabischen, erinnert. Er sieht darin einen, vom kollektiven Unbewussten gesteuerten Versuch der Portugiesen, sich ein weiteres Mal von Europa zu entfernen.

GRÖSSENWAHN. Der ehemalige Präsident Mario Soares wiederum meinte anlässlich seiner Rede zur Frankfurter Buchmesse 1996, dass vor allem die Verquickung eines Minderwertigkeits- mit einem Überwertigkeitskomplex den Portugiesen zu schaffen mache: »Der Portugiese weiß nie genau, wo seine Position ist, aber argwöhnt die ganze Zeit, dass seine Position herabgesetzt wird. Die seinige ist immer derjenigen überlegen, die ihm – nach seiner Ansicht – von anderen zugeschrieben wird.« Dieses Verhältnis verschiebt sich immer dann in Richtung Größenwahn, wenn Portugal eine Hauptrolle im europäischen Getriebe spielen darf, von der EU-Präsidentschaft im Jahre 1992, der Kulturhauptstadt Europas 1994, der Weltausstellung 1998 bis hin zur Fußball-Europameisterschaft 2004. Alle diese Ereignisse lösten eine massive Umgestaltung der Stadt Lissabon aus. So errichtete man als Tagungszentrum des Europäischen Parlaments am symbolträchtigen Standort Belém, nahe dem Hieronymus-Kloster, ein riesiges festungsartiges Gebäude, das mit Platten aus sandfarbenem Marmor verkleidet wurde. Der schon bei seiner Errichtung umstrittene Bau wurde mit einem anderen portugiesischen historischen Groß- und Protzprojekt, dem Kloster von Mafra, verglichen, da er doppelt so viel kostete wie veranschlagt und dann nicht rechtzeitig fertig wurde. Nach einem abschließenden Gipfeltreffen der EU-Politiker harrte der Bunker einige Zeit seiner Bestimmung, bis beschlossen wurde, ihn als Kulturzentrum für Ausstellungen und Konzerte zu nutzen.

Infolge der Ernennung zu Kulturhauptstadt 1994 wurde Lissabon erneut zur Baustelle; wiederum konnten einige der ambitionierten Projekte der Umgestaltung nicht fristgerecht beendet werden. Kurzerhand wurde die Bautätigkeit selbst zur Kulturarbeit erklärt, wie die Schaufenster der Touristen-Information im Zentrum Lissabons mit einer Zurschaustellung von Baumaterial und Bauarbeitermontur suggerieren sollten.

SUPERLATIVE. Die Ausrichtung der Weltausstellung 1998 bot Lissabon dann endlich Gelegenheit, die kulturellen Mythen Portugals neu zu formulieren und ins rechte Licht zu stellen. Lissabon ernannte sich zur atlantischen Hauptstadt Europas, vielleicht ganz einfach auch deshalb, weil es keine andere europäische Metropole am Atlantik gibt. Dennoch bot das Ereignis der Weltausstellung Gelegenheit, einen Bereich der Stadt wieder zum Wasser hin zu öffnen. Das ehemalige Abbruchgelände im Osten Lissabons, Moscavide, wurde mit beträchtlichem finanziellen Aufwand zu Bauland umgewandelt. Dort, wo früher Schiffe verrotteten, Eisen und chemische Abfälle gelagert wurden, trug man verseuchte Böden ab, zerstörte Lagerhallen, um Raum für den Beginn des 21. Jahrhunderts zu schaffen. Mit Superlativen wurde nicht gespart: Die längste Brücke sollte gebaut werden, die letzte große Weltausstellung vor der Jahrtausendwende ausgerichtet. Zur Eröffnung der Brücke lud man dann vorsorglich 15000 Gäste, die am längsten Tisch der Welt den mit sieben Tonnen größten Bohneneintopf der Welt verspeisten und somit Eingang ins Buch der Rekorde fanden. Und das war erst der Auftakt!

Der portugiesische Pavillon auf der Expo 1998

Obwohl es im 19. Jahrhundert eher die teilnehmenden Länder waren, die sich begegneten und zusammen ein Panorama der Welt bilden sollten, bedeuten Weltausstellungen heutzutage vor allem für das Gastland die Möglichkeit der Selbstdarstellung. Das ozeanische Motto der Expo sollte noch einmal die Großtaten der Vergangenheit heraufbeschwören und auf die wichtige Rolle Portugals in der Geschichte insgesamt hinweisen, was der Essayist Eduardo Lourenço allerdings als »Auktion der ausgestorbenen Mythen« kritisierte.

SANFTE SEEFAHRER. Das Datum der Weltausstellung 1998 war bewusst gewählt – 500 Jahre zuvor war Vasco da Gama aufgebrochen, um einen schiffbaren Weg nach Indien zu suchen. 1498 hatte er Kalkutta erreicht, wo er Gewürze finden und Heiden bekehren wollte. Seine Geschenke erregten aber dort kaum Interesse, sodass der »Entdecker« vor seiner Rückreise gezwungen war, den Herrscher Kalkuttas um ein paar Gewürzmuster zu bitten, um nicht mit leeren Händen heimzukommen. Zum Tausch waren seine Gaben zu wenig begehrt. Nach Vasco da Gama wurde schließlich die längste Brücke Europas, die auf einer Strecke von 18 Kilometern Lissabon mit Montijo verbindet, benannt. Mit acht Spuren großzügig angelegt, ist sie weithin sichtbares Symbol einer neuen, viel versprechenden Epoche: Im Zuge der Expo 98 wurde Lissabon von den Planern zur »Weltstadt der Ozeane« erklärt, Ereignisse sollten die Stadt »überfluten«, Besucher »in die Zukunft tauchen«. Wasser-, Meeres- und Fischmetaphern fanden sich in Werbesprache und diversen Medien. Das Spektrum reichte vom Video der Wasserbabys, deren Schwimmbewegungen täuschend echt in ein Korallenriff montiert wurden, über Abbildungen des Adamastor-Ungeheuers aus Camões' *Lusiaden* auf Armbanduhren bis zu verschiedenen, in ihre Nationalkostüme gekleideten Spaziergängern unter Wasser, wo sich alle Länder und Kulturen friedlich vereinigten.

Auch die anlässlich der Weltausstellung aufgelegten Sonderbriefmarken vermitteln die sanfte Version des portugiesischen Entdeckertums. Seefahrer verhandeln auf diesen Abbildungen mit Eingeborenen, beide Welten sitzen sich auf gleicher Höhe gegenüber, in ein Gespräch vertieft, das keine Eile kennt und keine Angst. Nackte Frauen und Kinder beobachten das Treffen der Männer aus dem Hintergrund. Nur ein Tintenfisch blutet seine Tinte aus im Sand. Damit war der Mythos der Portugiesen als gewaltfreie Eroberer und Kolonialherrscher erneut fest gezeichnet und in die Welt gesandt. Von den 8000 Bauarbeitern, die bei geringer Bezahlung, oft sogar ohne Vertrag und Sozialleistungen, bis zum letzten Moment die Errichtung der Weltausstellungsbauten möglich machten, keine Rede. Über die Hälfte von ihnen stammte aus den ehemaligen Kolonien, aus Angola, Guinea-Bissau und Mozambique. Ein Kritiker bemerkte zu diesem Missstand: »Jetzt kann man sich also den

161

Die neue Vasco da Gama-Brücke ist die längste Europas.

Luxus leisten, dass die Opfer-Völker des doch so modernen Seefahrer-Abenteuers auch noch als moderne Sklaven dessen Glorifizierung errichten. Und das unter der Leitung der Seefahrer-Nachfahren, die sich darauf etwas einbilden und zu Bauherren aufplustern.«

METRO. Wie die Motive der Expo können die an den Metrostationen angebrachten Mosaikbilder und Inschriften ebenfalls eine Geschichte der Stadt erzählen. Mit der in den fünfziger Jahren errichteten *Caravela*-Linie wurde von Maria Keil der Standard für die künstlerische Ausgestaltung der Stationen mit Azulejos gesetzt, indem sie die traditionelle portugiesische Kachelkunst mit geometrisch anmutenden Motiven, wie zum Beispiel in den Stationen Intendente, Restauradores oder Anjos, erneuerte. Danach konnte man sogar die berühmte

Künstlerin Maria Helena Vieira da Silva für die Gestaltung einer Station, der Cidade Universitária, gewinnen. Sie stellte ein 1940 gemaltes Bild *Le Métro* zur Verfügung, das die Untergrundbahn als Ort des Schutzes vor dem Krieg darstellte. In der Station Laranjeiras nahm der Künstler Rolando Sá Nogueira den Namen, Orangenbäume, zum Anlass, um Orangen in vielfältigen Variationen über die Kacheln zu verteilen. In der Station Alto dos Moínhos gestaltete Júlio Pomar eine Hommage an die Dichter Pessoa, Almada Negreiros, Brocage und Camões. Auch die Station Entre Campos thematisiert, wegen ihrer Nähe zur Lissabonner Nationalbibliothek, portugiesische Dichtung, wie auch José Cardoso Pires in seiner *Literatur unter der Erde* erwähnt. Die Dichterin Adília Lopes bezieht sich in ihrem Gedichtband *Sete Rios Entre Campos* auf die wörtliche Bedeutung der Stationsnamen. Der Titel würde übersetzt *Sieben Flüsse zwischen Feldern* lauten.

Ab den neunziger Jahren begann man vom Konzept der Dekoration abzugehen und den Künstlern mehr Freiheiten zuzugestehen. Besonders eindrucksvoll geriet die Gestaltung der an der neuen *Oriente* Linie gelegenen Stationen Belavista, Chelas, Olivais und Olaias, das vom Stararchitekten Tomas Taveira konzipiert wurde. Die 1998 eröffnete Olivais-Station gedachte programmgemäß des Entdeckers Vasco da Gama, und so ließ der Künstler Nuno de Siqueira portugiesische Mythen, wie den Entdecker des Seewegs nach Indien, den Turm von Belém als Symbol einer neuen Epoche oder die Marienerscheinung von Fatima auf Kacheln paradieren. Auch die Station Martim Moniz gibt sich mit maurischen Anspielungen geschichtsträchtig, indem mit Rittern, Kriegern und einer Statue von Martim Moniz an die Rückeroberung Lissabons 1147 erinnert wird. Er soll angeblich den Christen das Tor geöffnet und so die Übernahme der Stadt von den Mauren eingeleitet haben. Interessanterweise haben sich in den letzten Jahren an den Zugängen

*Júlio Pomars Hommage an Fernando Pessoa in der U-Bahn-Station
Alto de Moinhos*

zur Metro kleine Geschäfte mit Waren aus aller Welt etabliert,
in denen besonders in Marokko gefertigte Schuhe, Textilien
und Kunsthandwerk angeboten werden, so als würde unterirdisch eine andere maurische Belagerung Form annehmen. Als
Krönung der ästhetischen Bemühungen im Untergrund Lissabons ist die Station Gare do Oriente zu sehen, die den Besucher
zur Weltausstellung bringt und an deren Gestaltung Künstler
aus Österreich, Japan, Indien, Island, Argentinien, China, Mali

usw. mitwirkten. Wer sich für die Einzelheiten der Entstehung und die Bedeutung der unterirdischen Kunst Lissabons interessiert, kann im Internet unter www.metrolisboa.pt Station für Station nachblättern.

ALLES NEU. Der östliche Lissabonner Stadtteil wurde mit einem großzügigen Straßennetz und Metrolinien dem alten Zentrum verbunden. Der moderne Bahnhof Oriente entlastet seither den bisherigen Endbahnhof Santa Apolónia. Entworfen vom spanischen Architekten Santiago Calatrava wurde mit Stahl, Glas und Beton nicht gespart. Die fächerartigen Elemente erinnern an Palmen und könnten eine Anspielung auf vegetative Ornamente in der Kirche des Hieronymus-Klosters sein. Begibt man sich nach diesem großartigen Empfang in das Innere des Bahnhofs, wird man von den kruden Betonbögen, die den Betrachter hier erwarten, etwas enttäuscht. Zahlreiche Verkaufsstände bieten Kuchen und Waren afrikanischer und indischer Kulturen an. Zwischen Ankunft am Gare do Oriente und dem Park der Nationen, wie das Expo-Gelände nun genannt wird, muss ein Einkaufszentrum durchschritten werden, dessen Geschäfte sich nicht wesentlich von anderen europäischen Malls unterscheiden. Nur die Wasserspiele und Sitzbänke aus Tropenholz, die wie Schiffe geformt sind, erinnern entfernt an das einstige ozeanische Motto der Weltausstellung 1998.
Für das angeschlossene Vorhaben der EXPO Urbe, die Regeneration der Ostseite Lissabons und ihre Öffnung zur Wasserfront hin, rechnet man erst im Jahr 2010 mit einer Fertigstellung. In allen anderen Teilen der Stadt bleibt das Ufer des Tejo weiterhin verbaut. Bis auf den kleinen Vorplatz an der Praça do Comércio in der Innenstadt und beim Monument des Torre de Belém ist das Ufer nirgends zu begehen. Nur in den ehemaligen Lagerhallen der Docks entlang der Straße nach Cascais sind nun massenhaft Bars, Diskotheken, Restaurants eingezogen.

Und erst ab São João de Estoril, einige Kilometer westlich von Lissabon, kann man zu Fuß auf einer Betonpromenade bis nach Cascais spazieren.

PAVILLONS. Für den Bau der Pavillons der Expo 98 konnten namhafte Architekten verpflichtet werden, die das vorgegebene Motto der Ozeane ernst genug nahmen, um Wasser- und Bootsmetaphern in ihre Bauten einzuarbeiten.

Das heutige Ozeanarium des englischen Architekten Peter Chermayeff etwa repräsentiert in vier Segmenten den Antarktischen, den Atlantischen, den Indischen und den Pazifischen Ozean und orientiert sich an der Bauform eines imaginären Schiffes. Das Glasdach erinnert an das Spiel der Wellen und wird von – für Segelschiffe – typischen Masten und Stahltrossen gehalten. Lange Schlangen von Wartenden vor den Eingängen beweisen die Anziehungskraft des Aquariums für Besucher aus dem In- und Ausland.

Auch für den Pavilhão do Conheçimento, dem Pavillon des Wissens um die Meere, hatte man Anleihen aus dem Schiffsbau übernommen. Zur Expo 98 wurde hier die Nutzbarmachung der Ozeane dokumentiert. Heute beherbergt der Bau wechselnde Ausstellungen.

Der Pavilhão Atlântico, der atlantische Pavillon, wird nun als Stadium mit angeschlossenen Messehallen genutzt. Der an einen umgekippten Schiffsbauch erinnernde Bau soll in seinem Material die Erdoberfläche symbolisch vorstellen: Zwei Drittel Glas entsprechen der Wassermenge des Planeten, die Holzdecke besteht aus 5600 Kubikmetern schwedischen Kiefernholzes. Der Gebrauch von Holz, Stahl und Leinwand verweist gleichfalls auf den Schiffsbau.

Der nahe am Ufer des Tejo errichtete portugiesische Pavillon, entworfen vom weltberühmten Architekten Álvaro Siza Vieira, stellt das waghalsigste Bauwerk des Ausstellungsensembles dar.

Das Ozeanarium des englischen Architekten Peter Chermayeff
auf der Expo

Der sich zwischen den Gebäuden erstreckende Platz, auf dem die offiziellen Zeremonien stattfanden, wird von einem 50 mal 60 Meter elegant geschwungenen Dach, das seine Masse von 1400 Tonnen Beton leicht vergessen lässt, überspannt. Leider trüben die zuweilen an diesem Ort geparkten Autos sowie einige verkommene Nischen den grandiosen Eindruck und verleihen dem Gebäude eine traurige Aura der Unbestimmtheit, die den Stararchitekten schon bei der Planung beunruhigte. Nicht die Funktion des Baus zur Zeit der Weltausstellung sei ihm wichtig, hatte Siza Vieira erklärt, sondern die spätere zweckvolle Nutzung, zu der es, wie befürchtet, nicht gekommen ist.

DISNEYPORTUGAL. Trotz zahlreicher Fehlplanungen und schadhafter Installationen kann aber die Erschließung des östlichen Stadtteils infolge der Weltausstellung als gelungen bezeichnet werden. Aussichtstürme, Schwebebahn, Terrassen-cafés, Eisstände, Spielflächen für Kinder, Promenaden mit Bänken, Wasserspiele, Skulpturen, Wiesen laden besonders an Wochenenden Tausende Portugiesen und Gäste zum Flanieren in diesen Vergnügungspark des modernen Portugal ein, vielleicht weil die weiten Flächen einen willkommenen Gegensatz zur verwinkelten Enge der Innenstadt bieten. Diese Weite kann sogar als Ausdehnung des Wassers, des Ozeans aufs Land verstanden werden, da es ansonsten nicht die portugiesische Art ist, sich großräumig auszubreiten. Man liebt das Dunkle, das Enge, den Innenraum. Die großstädtische Öffnung von Cafés und Restaurants etwa, auf die Straße hinaus, ist dem Geschmack von Touristen geschuldet und der Mode anderer Metropolen abgeschaut.

So stellt das ungefähr zur selben Zeit wie die Expogebäude errichtete Einkaufszentrum Colombo im Stadtteil Benfica ein Gegenstück zum Raumverständnis des Weltausstellungsgeländes dar. Diese nach einem anderen wichtigen Entdecker, Kolumbus, benannte Mall erinnert von außen an einen Bunker: Hier schließt man sich ab von der Außenwelt, um in die Welt des Konsums zu tauchen. Einige Einzelheiten erinnern den Besucher noch daran, in welchem Land er sich befindet: die geschmückten Pflasterwege des als Rundbau angelegten Einkaufspalastes, ein Riesenplastikschiff auf einem Platz, von dem die Rolltreppen strahlenförmig in verschiedene Richtungen führen. Die Orientierungspläne sind auf Steinsäulenpodeste gespannt, verziert mit Nachbildungen von Navigationsgerät, welches auf die glorreiche Zeit der Seefahrt verweist.

BUNKER. Von außen sind am bunkerähnlichen Zentrum nur mehr die Logos der verschiedenen europäischen und amerikanischen Prestigemarken zu bemerken. Mit Colombo ist der Kapitalismus in Reinform eingeführt. Colombo muss nicht mehr durch postmoderne Verzauberungsästhetik um Käufer werben wie seinerzeit das rosarote Märchenschloss des Einkaufszentrums in Amoreiras, dessen Architekt Tomas Taveira Ende der achtziger Jahre wegen *sexual harassment* verurteilt worden war. Seine Pastellfarben und Spielereien mit Säulen und Glas finden sich mittlerweile geklont und ins Unendliche vermehrt auf den neu entstandenen und entstehenden Wohnsiedlungen an den Stadträndern Lissabons wieder – als Emblem einer Moderne, die immer schon zu spät ist.

Colombo wäre der »Anschluss« Portugals an die Welt, gäbe es da nicht die Tiefgarage, deren Organisation undurchschaubar labyrinthisch dennoch wieder eine Art unbewusster Komponente der portugiesischen Bewegungs- und Denkungsart durchscheinen lässt. Nach Farben und Symbolen geordnet, gleichzeitig mit Nummern und Buchstaben versehen, die sich in jedem Bereich wiederholen, wird es schwierig, seinen Ausgangsort ausfindig zu machen. Die Liebe zum Ornament strukturiert hier noch mal die Ordnung der Menschen und Autos. Portugal kommt auf sich selbst zurück, wie Eduardo Lourenço an anderer Stelle bemerkt: »Nach acht Jahrhunderten leben wir im Inneren. Wir reisen um die Welt, ohne den Innenraum zu verlassen, wie es unserem uralten Traum entspricht, der den von der Geschichte für ihn geschaffenen göttlichen Mutterbauch nie verließ.«

BAUSTELLEN. Die massive Umgestaltung Lissabons aufgrund der Weltausstellung bestätigt den Trend zur geplanten Stadtentwicklung, die Events braucht, um neue Konzepte durchführen zu können. Der großzügig gestaltete Schauplatz, an dem man aus dem Nichts ein Reservat der Moderne außerhalb des historischen Zentrums erschaffen konnte, hatte aber auch Auswirkungen auf die Enge im Stadtinneren, zumindest unterirdisch. So klaffen am Chiado nun, sobald man den

Metroeingang betritt, riesige U-Bahnschächte, in denen mächtige Rolltreppen und breite Marmorstufen Zehntausende von Menschen in die Tiefe führen könnten, wenn es denn je zu einem solchen Massenandrang käme.

Die Unabgeschlossenheit der riesigen Bauvorhaben ruft in ihrer sympathischen Inkonsequenz eine ständige Konfrontation von Altem und Neuem hervor. So wird zum Beispiel ein modernes Apartmenthaus in der Nähe des Expo-Geländes vorerst ohne Baugenehmigung, auf den weiterhin sichtbaren Grundmauern einer ehemaligen Festung, mitten in einer Fischer- und Hafenarbeitersiedlung der vierziger Jahre errichtet. Die Praxis der Umgehung des Gesetzes ist weit verbreitet, da die Mühlen der Bürokratie langsam mahlen und ansonsten keine Neubauten entstehen könnten. Überdies sind die für das Vergehen zu zahlenden Geldbußen relativ niedrig. Ein von der Lissaboner Verwaltung herausgegebener Band über Veränderungen der Stadt listet die im Jahr 2002 illegal errichteten Renommierbauten auch ohne große Reue auf. Steht das Gebäude erst einmal, werden Wohnungen und Büros verkauft; um die Infrastruktur kümmert man sich wenig. Die Fenster und Eingänge der für einen Supermarkt vorgesehenen Räumlichkeiten im oben erwähnten Apartmenthaus sind inzwischen zugemauert. Das das Haus umgebende Grundstück wird von einem Gärtner als Gemüsegarten genutzt, Kohl und Kartoffeln stellen ein wichtiges Zubrot. Er wohnt in einem fensterlosen Verschlag, den er mit ein paar Brettern an die Mauer der alten Festung gebaut hat. Im Winter, wenn es kälter wird, entzündet er davor in einer Blechdose Feuer mit Holzresten, die er auf dem Grundstück findet, das für die Umgebung als Abladeplatz für Müll und Bauschutt dient.

Dieses Nebeneinander von verschiedenen Lebensformen, Zeit- und Entwicklungsstufen ist typisch für Lissabon, typisch für Portugal. Hier wird mit dem Alten nie restlos aufgeräumt, und es scheint das Konzept des Neuen nicht zu stören, dass es unabgeschlossen ist und bleibt. Hauptsache, einen Schritt in die Zukunft, wenn man mit dem anderen Fuß noch in der Vergangenheit feststeckt.

LÜCKEN. Im Gegensatz dazu fällt dem Helden des Romans *Tod in Lissabon* von Robert Wilson eine durchgreifende Veränderung der Stadt innerhalb der letzten zwanzig Jahre ins Auge, als er über die Brücke des 25. April fährt: »Verfallene Gebäude waren abgerissen, alte Straßen aufgerissen, Plätze umgestaltet, Jahrhunderte von bakteriellem Belag abgekratzt, Fassaden aufgebohrt und mit originalgetreu glänzenden Füllungen aus Beton und Fliesen restauriert worden.« In den Jahren der Planung für die Expo waren die Baustellen zu einem wichtigen Anzeiger des Fortschritts geworden, Lücken im Stadtbild, die sich nie zu schließen schienen. Kaum wurde ein Vorhaben beendet, riss man die nächste Grube auf, um immer weitere Objekte der Stadtentwicklung zuzuführen: Das Alte, wie zum Beispiel, das Castelo, musste konserviert werden, während die Zukunft immer noch nicht zu Ende gebracht werden konnte. Die riesigen mehrspurigen Umfahrungsstraßen ähneln heute, ein paar Jahre nach der Weltausstellung, kaum befahrenen Geisterbahnen. Weitgehend ohne Markierungen, rast man durch Brachland oder entlang von rasch aufgezogenen Sozialwohnbauten, den modernen Ghettos für ehemalige Bewohner der Slums und neu hinzukommende Einwanderer aus dem Osten Europas und aus Afrika. Sogar die Zukunft jener überteuerten Designerapartments rund um das Expo-Gelände, an denen zum Teil weiter gebaut wird, ist ungewiss.

FLAMMEN. Im Gegensatz zum Expo-Gelände konnte die Umgestaltung des historischen Zentrums nur aufgrund einer Katastrophe erfolgen: Das Feuer, das 1988 im Kaufhaus

Grandella, wie schon erwähnt, zur Erschleichung von Versicherungsgeldern gelegt worden war, zerstörte Teile der umliegenden Unterstadt. Da Lissabon schon einmal von einer Naturkatastrophe heimgesucht worden war – die Erinnerung an das Erdbeben wirkte nach –, wurde in der Berichterstattung die Reichweite der Zerstörung derart übertrieben, dass man als Außenstehender an eine völlige Vernichtung des Viertels glauben konnte. Hier wirkte sich der Mythos einer vergangenen Katastrophe auf die Wahrnehmung der Gegenwart aus: Vielfach wurde der Ort des Geschehens fehlerhaft lokalisiert oder die Dimension der Verheerung falsch eingeschätzt, vielleicht, weil die Presse nach bekannten Anhaltspunkten suchte, an denen sich der allgemeine Schrecken besser verdeutlichen ließ. So berichtete *Der Spiegel*, dass bei der Verteidigung des Cafés *A Brasileira* gegen die Flammen auch die berühmte Statue des Dichters Pessoa mit einem Feuerlöscher verätzt worden sei. Ähnlich dramatisch war nach dem Anschlag auf die New Yorker Twin Towers verfahren worden, als die Medien im ersten Schrecken die totale Auslöschung Downtown Manhattans vermeldet hatten.

Jens Jessen allerdings gibt in einem Artikel über die fälschliche Berichterstattung anlässlich des Brandes zu bedenken, dass der Grund dafür die Sehnsucht nach einer Wiederentdeckung des alten Lissabon sein könnte.

WIEDERERFINDUNG. Den Stadtplanern gab das Desaster Gelegenheit zum Umbau des Chiado und Teilen der Baixa. Die Baustelle mit verkohlten Fassaden und Mauertrümmern wurde mit einem Holzsteg begehbar gemacht und bildete, da sie einer archäologischen Ausgrabungsstätte, wie zum Beispiel im Zentrum Mexico Citys, ähnelte, jahrelang eine wesentliche Attraktion für Lissabon-Besucher, die den Chiado hinaufspazierten. Die Rekonstruktion der altehrwürdigen

Flaniermeile hat vor allem kleine Geschäfte zum Verschwinden gebracht. Heute erwarten fast ausschließlich Lokale internationaler Marken ihre Kunden hinter den renovierten Fassaden. So findet man nun im Kaufhaus Grandella, von dem der Brand ausging, eine Dependance des schwedischen Labels H&M. Kaum eines der früheren Geschäfte, wie jenes des Optikers mit seiner Sammlung von Brillen aus den vierziger bis siebziger Jahren, hat sich gehalten, und man muss froh sein, dass neben einer Filiale des Medienriesen FNAC weiterhin die traditionsreiche Buchhandlung Bertrand bestehen kann. Dass dem historischen Ensemble des Chiado nicht mehr Modernität angetan wurde als nötig, ist wohl dem Einfluss des portugiesischen Architekten Álvaro Siza Vieira zu verdanken, dem die Planung des Wiederaufbaus übertragen worden war. Besonders am Beispiel eines Hauses an der Rua Nova da Almada 95 lässt sich erkennen, dass die Umgestaltung aufgrund des Brandes auch ihre positiven Seiten hatte. Nun sind Wege, die vorher an verschlossenen Türen endeten, öffentlich zugänglich, durch Passagen tritt man in Höfe, die mittlerweile mit Cafés und kleinen Geschäften als Ruhezonen dienen können.

Diese ständige Wiedererfindung Lissabons etwa in seinen Bauten, die Erzeugung eines Images, das vor allem repräsentiert, was man an Erwartungen und Sehnsüchten auf dieses Land am Ende Europas projiziert, stößt aber auch auf kritischen Widerstand. Der Essayist Eduardo Lourenço bezeichnet das Phänomen als Disneyfizierung Portugals mithilfe von Fördergeldern der Europäischen Union.

LISSABON FÜR AMERIKANER. Eine ironische Bearbeitung dieses Portugals für die anderen findet man im Roman des jungen portugiesischen Autors Rui Zink, *Hotel Lusitano*. Sein Held bricht mit Freund Larry von New York nach Lissabon auf, weil es dort billig, das Wetter gut ist, und wird bei der Ankunft vor allem von den morbiden Häusern überrascht: »Lissabon, das sah man auf den ersten Blick, war eine schöne, aber verluderte Stadt. Eine Art Humphrey Bogart auf weiblich. Die Gebäudefassaden trugen die Signatur des Verfalls: abbröckelnder Putz, zerbröselnder Stein, schimmelbefallener Beton, Flechten, die sich mit aller Kraft in die Bausubstanz hineinkrallten.« Der als Amerikaner getarnte portugiesische Autor bemüht hier zwar mit aller Kraft die Vorstellung des alten Europa, seine Bemerkung zu einfallenden Häusern entspricht aber durchaus der Realität Lissabons. Da sich die Objekte wegen mietgeschützter Wohnungen für den Besitzer kaum rentieren, wird wenig zur Erhaltung, geschweige denn zur Renovierung alter Häuser unternommen – bis sie einstürzen und man, durch das Schicksal sozusagen, gezwungen wird, Erneuerungen vorzunehmen, ohne von lästigen Mietern daran gehindert zu werden. Den amerikanischen Touristen in Zinks Roman fällt bei ihrem ersten Gang durch Lissabon das Getriebe der Bettler und Straßenhändler auf, das sie mit einem Flair von Dritter Welt in Verbindung bringen. Besonderen Witz bezieht Zinks Protagonist aus Vergleichen der portugiesischen Hauptstadt mit amerikanischen Städten: »Jenseits des Flusses erhob sich auf einem Hügel eine gigantische steinerne Christusfigur und begrüßte die Schiffe mit ausgebreiteten Armen. Eine nicht uninteressante Abwandlung der Freiheitsstatue, wie wir sie hier in New York haben. Doch wieso die ausgebreiteten Arme? Wurde Christus gerade überfallen?«

SOFTCORE-LAND. Anfangs halten sich die beiden Amerikaner vor allem an den bekannten touristischen Treffpunkten auf, essen in der Cervejaria Trindade, Rua Nova da Trindade, bewundern in diesem ehemaligen Refektorium eines Klosters die reichhaltig bebilderten blauen Kacheln. Sie beneiden beim Besuch der Livraria Bertrand die Fähigkeit der Bewohner kleiner Länder, andere Sprachen als die eigene zu erlernen: Das Portugiesische allerdings sei »eine Art lateinisches Chinesisch«, undurchdringlich für Ausländer. Als sie bald darauf Freundschaft mit ein paar Portugiesen schließen, müssen sie die Weltläufigkeit der jungen Leute eingestehen, die schon öfter ins Ausland gereist waren als sie selbst. Sie erfahren von der portugiesischen Obsession von ihrem Weltreich, von Emigration, Saudade, aber auch von der modernen Stadt. Obwohl der Held mittlerweile eine Lissabonner Freundin hat, die ihn in verborgene Winkel der Stadt und der portugiesischen Lebensart einführt, bleibt er, als Einwohner der Welthauptstadt New York, unbeeindruckt: »Mir schien, die Haupteigenschaft der Portugiesen bestand in ihrer übertriebenen Leidenschaft zu Gemeinplätzen und Banalitäten.« Portugal ist ihm ein »Softcore-Land«, die Übertragung von ländlicher Bewegungsart in großstädtischen Raum erfährt der gewandte New Yorker als Qual. Und schließlich manifestiert sich das Verhältnis des Kosmopoliten zu seiner Freundin, der Einwohnerin einer provinziellen Hauptstadt, als bestimmt von kultureller Macht: »Die wilde Eingeborene und der Gringo-Tourist, der sich die regionalen Produkte reinzieht.«

FILMBILDER. Letztlich gelingt es keinem der portugiesischen Freunde, die Vorurteile der Besucher zu zerstören, sondern es sind im Gegenteil oft die jungen Lissabonner, welche sich an den von außen an sie herangetragenen Bildern abarbeiten. So erwähnt Zink in seinem Roman auch die legendäre *Texas Bar*, die im Wenders-Film *Der Stand der Dinge* vorkommt. Im eigenwilligen Text *Mein Film mit Wim Wenders* parodiert der brasilianische Autor Mário Curvello die Art und Weise, in der der deutsche Regisseur fremde kulturelle Elemente in seine Filme einarbeitet. Curvello kolonisiert zurück, indem er sich mit dem exotisierenden Kino-Blick auf Portugal, der in weiterer Folge aber die portugiesischen Filmemacher beeinflusste, auseinander setzt. In seinem Text gibt Curvello vor, ein Drehbuch über Berlin schreiben zu wollen, in dem er deutsche Klischees, wie Hitler und Claudia Schiffer, mit brasilianischen und lusitanischen Mythen vermengt: »Ich möchte einen film mit wim wenders machen, einen film, in dem ich der ausländer bin und er der deutsche.«

In Wenders' *Lisbon Story* 1994 schließlich spielt die portugiesische Hauptstadt eine entscheidende Rolle. Der deutsche Tontechniker Philip Winter (!) fährt ins warme, helle Lissabon, in eine alteuropäische Stadt, wo die Vergangenheit noch spürbar ist. Peinlich wird die Verfilmung einer deutschen Vorstellung vom Süden, als der Besucher endlich der Fremden begegnet, wie die Autorin Teresa Salema in einer Kritik bemerkt: »Teresa Salgueiro, die Sängerin der weltberühmten Musikgruppe Madredeus, wird zur weiblichen Verkörperung der Schönheit Portugals. Wenn Herr Wenders wüsste, was dunkelhaarige, südländische Frauen von diesem Typus des sentimentalen Eroberers halten!«

Wenders allerdings beschreibt die Zusammenarbeit mit Madredeus als Inspiration und Möglichkeit, sich Lissabon zu nähern. Ihre Musik und Bühnenpräsenz werden in seinen Produktionsnotizen in nahezu religiösen Tönen spiritueller Erweckung vorgestellt.

Die Klischees der deutsch-portugiesischen Filmproduktion *Lisbon Story* tragen nicht gerade dazu bei, Lissabon auf eine andere als vorher gefasste Weise kennen zu lernen. Dennoch oder vielleicht gerade deshalb wird *Lisbon Story* mittlerweile gerne als Einstiegsdroge, sprich Einstimmung, auf eine Reise in die portugiesische Hauptstadt genutzt. So verweist ein Artikel in der *Berliner Zeitung* zehn Jahre später, als die Fußball-Europameisterschaft in Lissabon ansteht, erneut auf den Film, die wunderschöne Sängerin, das traditionelle Setting mit drei dunkel gekleideten Männern und die traurige Musik von Madredeus. Scherzhaft wird auf eine mögliche Niederlage der portugiesischen Equipe im Eröffnungsspiel angespielt: »In ihrer Melancholie sind die Portugiesen unschlagbar, wenn nicht gar Europameister. Sie haben die traurigsten Dichter, die traurigsten Kellner, die traurigsten Fußballer – selbst die Netze ihrer Tore sind schwarz.«

ENDLICH FADO. Diese nicht auf Anhieb zugängliche portugiesische Musik wird inzwischen im Zuge eines erstarkten Interesses für World Music sogar außerhalb Portugals wahrgenommen und scheint mit jungen Interpreten den Weg aus der Sackgasse des muffigen Traditionalismus gefunden zu haben. Die altertümliche Glorie des Fado ist aber weniger auf jahrhundertelange Überlieferung zurückzuführen, denn auf die geschickte ideologische Nutzung der im 19. Jahrhundert entstandenen Musikform durch die Diktatur Salazars: Das Volk sollte mit den drei Gefühlskatalysatoren, Fado, Fußball und Fatima, ruhig und zufrieden gehalten werden. Doch gab es damals auch schon negative Stimmen zum Fado. In einer 1936 ausgestrahlten Radioserie wurde der Fado als *Lied von Besiegten,* ursprünglich von brasilianischen Sklaven herstammend, diskreditiert und daher der portugiesischen Nation für unwürdig befunden. Kritisiert wurde auch die Traurigkeit, die einem fortschrittlichen Staat nicht angemessen wäre, wie die Lissabonexpertin Eva Missler in ihrer Studie beschreibt. Die oft von Liebesleid, unstillbaren Sehnsüchten und vergangenen, besseren Tagen handelnden Gesänge wurden und werden am besten in Restaurants, Bars und kleinen Kneipen miterlebt, wo ihre Darbietung mit religiöser Inbrunst zelebriert wird. Wie in der Kirche ist es verboten, während des Vortrags zu sprechen oder überhaupt irgendetwas anderes zu tun als zuzuhören.

AMATEURE. Am interessantesten für den ausländischen Besucher ist – im Gegensatz zur professionellen Performance in den üblichen Touristenlokalen – wahrscheinlich die Atmosphäre in einem Lokal, wo Amateure ihre Kunst zum Besten geben, wie z. B. in der Tasca do Chico, Rua Diário de Noticias 39 oder der Taverna do Julião am Largo do Penereiro 5. Hier treffen sich die Bewohner der Nachbarschaft, vom Schicksal sichtbar angeschlagen, und geben, begleitet von der Guitarra Portuguesa, ihre Versionen der alten Lieder zum Besten. Und wenn es schon nicht die Musik ist, die den Zuhörer in Ergriffenheit versetzt, so sind es zumindest die Hingabe der Sänger und Musiker, das Ritual des Sich-gegenseitig-zum-Singen-Aufforderns, das nickende Lob, kurzum, das sich auf diese Weise einstellende Gefühl eines Zusammenhalts, die beeindrucken. Normalerweise singt ein Fadista nicht mehr als drei Lieder, bevor er an einen anderen übergibt. In Lissabon erheben dabei genauso Frauen die Stimme, während der getragenere Fado von Coimbra ausschließlich von Männern zelebriert werden darf und daher exklusiver geblieben ist. Diese dort im Umkreis von Studenten der ehrwürdigen Universität gepflegte Gesangstradition wurde 1996 empfindlich gestört, als die Sängerin Manuela Bravo Fados de Coimbra aufnehmen wollte. Es regnete Proteste der patriarchalischen Institution, giftige Worte gegen eine Vertreterin des weiblichen Geschlechts, die es gewagt hatte, die Heiligkeit der männlichen Domäne anzutasten; sogar eine Parlamentsdebatte entspann sich daraus.

Die Stadt Lissabon allerdings ist in Liedern und Beschreibungen seit jeher weiblich konnotiert, während ihr Fluss, der Tejo, männlich und oft ihr Geliebter ist. Im Fado *Lisboa à Noite* vereinigen sich Stadt und Fluss, in *Lisboa Antiga* spiegelt sich die Stadtfrau im Wasser des Tejo, in *Lisboa dos Arrais* umwirbt der Tejo seine Angebetete und in einem der berühmtesten Fados, *Là vai Lisboa*, findet die Stadt Partner in jedem ihrer Bezirke:

»Da geht Lissabon mit einem meerfarbenen Rock. Und jedes Viertel ist ein Bräutigam, den sie heiraten wird.«

NEUES ALTES. In den letzten Jahren ist es, auch aufgrund des zunehmenden Bedürfnisses nach einer spezifisch portugiesischen Kultur, zu einem Aufschwung des nach der Revolution lange als veraltet angesehenen Fados gekommen. Einer der neuen männlichen Stars, Camané, meint, dass es notwendig war, die Texte von Fados der Zeit anzupassen, um ein jüngeres Publikum anzuziehen. Das Interesse für Fado sei zudem auf dem Umweg über das Ausland zurück nach Portugal gekommen. Aber sogar er besteht, wie die Alten, auf der Authentizität als dem wesentlichen Merkmal der Gesangsform. Von den weiblichen Stars sind vor allem Mísia, Mariza und Dulce Pontes zu nennen, die nach dem Tod der Doyenne des Fado, Amália Rodrigues, versuchen, das Alte mit dem Neuen zu verbinden. Das Haus der berühmten, 1999 verstorbenen Fado-Diva ist inzwischen zum Museum geworden. Die Räume, die sie die letzten 45 Jahre ihres Lebens bewohnte, sind mit Nippes, Kostümen und Erinnerungen bis obenauf gefüllt. Wer sich für die Geschichte des Fado und seiner Sänger interessiert, kann die Casa do Fado e da Guitarra Portugúesa am Largo do Chafariz de Dentro aufsuchen, das neben den Ausstellungsstücken auch über eine Video- und Audiothek verfügt, wo man seltene Aufnahmen und Auftritte hören und sehen kann.

EIGENWILLIG. So wie sich die Texte und das Setting des Fados verjüngten, so sind zeitgemäßes Styling und altbewährte Gesangstradition in der Person der Sängerin Mariza eine erfolgreiche Symbiose eingegangen. Die traditionell dunkle Kleidung der Fadistas hat Mariza durch weiße und farbige Akzente sowie eine eigenwillige Frisur bereichert. Ihre Wurzeln sind jedoch so ursprünglich, wie man es von einer

Die Fado-Sängerin Mísia

echten Fado-Sängerin erwartet. Aufgewachsen in der Mouraria, einem Armenviertel Lissabons, begann sie schon als Kind im Restaurant ihrer Eltern aufzutreten. Aus der Nachbarschaft der Mouraria, wo man eng zusammenlebt und jeder die Leidensgeschichte des anderen mitverfolgen kann, bezieht Mariza die zum Vortrag der Fados notwendige Passion. Wie einer Internet-Fan-Site zu entnehmen ist, seien in der Mouraria die Lüfte von Fadoklängen gesättigt und »die Noten daher von Kind auf in Marizas Blut gedrungen«. In ihr Programm hat die Sängerin außerdem Texte von portugiesischen Dichtern, wie Fernando Pessoa, Eugénio de Andrade, David Mourão-Ferreira, und von Klassikern der portugiesischen Liedtradition, z. B. José Afonso, aufgenommen. Und wie der algerische Rai-Musiker Cheb Khaled und viele andere prominente Vertreter der World Music wurde die singende Portugiesin ebenso in eine Produktion des Popstars Sting eingebaut. Marizas Erfolge im Ausland, so wurde sie u. a. vom Londoner BBC Radio zur besten World Music Interpretin Europas ernannt, machen sie zur neuen Diva des portugiesischen Fado und mindestens ebenso bekannt wie Dulce Pontes, die angeblich von Amália Rodrigues als ihre Nachfolgerin genannt worden war. Aber auch Dulce Pontes erweitert das Spektrum der portugiesischen Volksmusik. Sie arbeitet zum Beispiel mozambikanische Klänge ein oder wagt es, mit dem Italowestern-Komponisten Ennio Morricone eine Platte aufzunehmen. Dulce Pontes schafft ein neues Musikuniversum, das zwar von Portugal ausgeht, aber sich keineswegs auf die ursprünglichen Einflüsse beschränkt.

STYLING. Eingesetzt hatte diese Umgestaltung des traditionellen Fados mit der Stil-Ikone *Mísia*. Die im nördlichen Porto aufgewachsene Tochter eines portugiesischen Vaters und einer katalanischen Mutter lebte in Barcelona und war aus der Ferne wieder auf den Fado aufmerksam geworden. Ihre Ballett-

und Theatererfahrung ermöglichte der Künstlerin eine umfassende Neuinterpretation auch der dramatischen Aspekte des portugiesischen Gesangs. Fado wird von Mísia als reichlich dunkle Angelegenheit mit Anleihen an schwarze Magie oder schwarze Romantik zelebriert. Das klassische schwarze Umhängetuch der Fadistas, das die Frauen beim Vortrag obligatorisch um ihre Schulter geschwungen tragen, wird in einem Foto des Albums *Garras dos Sentidos* zum Beispiel mit nackten Füßen kombiniert, deren Zehennägel schwarz lackiert sind. Die Fransen des Tuches legen sich wie Fesseln über die nackte weibliche Haut. Kein Wunder, dass Mísia als optischer Blickfang gern fotografiert und in Modemagazinen interviewt wird. In einem Gespräch, das die Interpretin mit den Künstlern Gilbert & George für *Vogue* führte, wird sie als »Portugiesin in den Schneewittchen-Farben« vorgestellt. Mit den Engländern unterhält sie sich über den Bruch von Konventionen und den Umgang mit Gefühlen, die sie im Fado geradezu körperlich ausdrückt: »Der Fado kommt aus dem Bauch, es ist, als würden die Emotionen aus einem herausbrechen – wie beim Erbrechen. In Japan habe ich mir die Lunge herausgesungen, in Deutschland die Leber.« Die Intensität von Mísias Erscheinung wird durch ihren erfrischenden Zugang auf die traditionelle Form genährt. So bat die Sängerin bedeutende portugiesische Dichter um Texte für ihre Fados; eine Sensation, dass Agustina Bessa-Luís, Lídia Jorge, José Saramago und andere für sie schrieben. Ihre Gedichte behandeln einmal nicht nur die althergebrachten Bilder von Sehnsucht und Leid, sondern begeben sich auf eine andere, reflektiertere Ebene.

DICHTERINNEN. Großartig zum Beispiel der Beitrag von Bessa-Luís, die sich in *Garras dos Sentidos* weigert, von der Liebe zu singen, um dann ausschließlich die negativen, verletzenden Seiten des sentimentalisierten Topos aufzuzählen: »Ich will nicht von Lieben singen / Und nicht sprechen von ihren Motiven.« Oder die sehr zärtliche und moderne Beschreibung eines Wiedersehens von Liebenden im Gedicht von Lídia Jorge. Einmalig ihre Schilderung eines luziden Seelenzustandes *Eu sou de vidro*, »Ich bin aus Glas«: »Zerbrecht mich nicht, zersplittert mich nicht. Fasst mich nicht an, berührt mich nicht, / meine Freunde, denn ich bin aus Glas.« Neben einem Gedicht Fernando Pessoas singt Mísia auch einen Fado, dessen Textgrundlage ein Gedicht seines depressiven Freundes Mario de Sá-Carneiro bildet. Die Stimmung von *Estatua falsa*, »Falsche Statue«, hat nichts mehr mit wohligem Traurigsein zu schaffen, sondern ist in seiner Verabschiedung der Welt von grausiger Eindrücklichkeit, der schwärzeste Fado, den man je gehört hat: »Ich bin ein betrunkener Stern, in den Himmeln verloren. / Eine verrückte Nixe, die dem Meer entfloh. / Ich bin ein zerfallender Tempel ohne Gott.« Mit diesem Album erreichte die Verbindung von Poesie und Fado eine neue Dimension, sodass man der Sängerin ihre übertrieben stilisierte Präsentation gerne nachsieht.

SCHWARZ SEHEN. Die gegenwärtige Situation Portugals ist von Pessimismus getragen. Laut einer Umfrage des Jahres 2004 sehen Portugiesen ihre Zukunft schwärzer als andere EU-Staaten. Mit der Ost-Erweiterung der Europäischen Gemeinschaft ist nämlich die Schonfrist als ärmstes Land an der Peripherie des Kontinents abgelaufen. Nun sind es auch die östlichen, ehemals kommunistischen Länder, die der großzügigen Förderung bedürfen, um ihre Wirtschaft in Gang zu bringen. Die Fußball-Europameisterschaft ermöglichte Lissabon, erneut ins Rampenlicht der europäischen Öffentlichkeit zu gelangen. Wieder wurden die Motive von Schiff und Wellen zu den Eröffnungsfeierlichkeiten bemüht. Nach der Niederlage im ersten Spiel schwand auch schon die lange vor Beginn der

Wettkämpfe genährte Überzeugung, dass die Portugiesen den Europameistertitel davontragen würden.

Auf den kurzen Moment des Stolzes, als der portugiesische Ministerpräsident José Manuel Barroso zum Obersten Kommissär der Europäischen Gemeinschaft gewählt wurde, folgte die Ernüchterung einer baldigen Regierungskrise seiner Partei. Und abgesehen von politischen Krisen und katholischen Skandalen gilt es nun vor allem, wirtschaftlich den Anschluss nicht zu verlieren. Der Traum einer lusophonen Gemeinschaft ist 30 Jahre nach Beendigung der Diktatur endgültig ausgeträumt. Selbst die Brasilianer sind umtriebiger und haben inzwischen wirtschaftliche Beziehungen zu den ehemals portugiesischen Ländern in Afrika aufgebaut. Die spanischen Nachbarn haben sich von Erzfeinden zu notwendigen Partnern und dringend erwarteten Feriengästen gewandelt. Und heutzutage sind es die Einwohner ärmerer Staaten, die Einlass in das Land begehren, das immer von Emigration bestimmt war – 1986, im Jahr der Aufnahme Portugals in die Europäische Union, lebten noch nahezu 4 Millionen Portugiesen im Ausland. Nun finden sich neben spanischen Landwirten ukrainische Handwerker und Krankenschwestern, polnische Bauarbeiter und afrikanische Flüchtlinge, auch aus Ländern, die keine portugiesische koloniale Vergangenheit haben.

Die Gegensätze zwischen Arm und Reich in Portugal vertiefen sich zunehmend, das schlechte Schulsystem wird überlagert von einer übertriebenen Mediengläubigkeit, die keine Aufklärung und keine Entwicklung ermöglicht.

WAHLKAMPF. Aus dieser Stimmung heraus wollte eine Aktivistengruppe beim Rummel um die Präsidentenwahl 2001 auf Missstände aufmerksam machen. Sie inszenierte einen fingierten Wahlkampf, als dessen Kandidat der Künstler und Musiker Manuel Vieira auftrat. In ihrem Wahlprogramm forderten sie ein Memorial in Brasilien für die Portugiesen, die Opfer von Indianern wurden; ein Memorial für die drei Schäfer von Fatima, denen die Jungfrau erschien; eine Eintrittssteuer für Touristen; die Schaffung neuer Ministerien, z. B. eines für Schnaps und Kaffee, eines für Amnesie und eines für schlechten Geschmack. In zahlreichen Auftritten machten sich die Künstler mit absurden Wahlslogans wie »Portugal ist nicht klein« oder »Der einzige Ort, an dem man in Portugal arbeiten kann, ist das Ausland« oder »Weintrinken schafft Arbeitsplätze« daran, das offizielle Image Portugals zu demontieren.

Als Kandidat jener präsidentialen Performance präsentierte die Gruppe den medienwirksamen Manuel Vieira, der als Sänger der Rockformation *Ena Pá 2000* und als Chansonnier der kabarettartigen Gruppe *Os Irmãos Catita* unter jungen Portugiesen bekannt geworden war. Im 70er-Jahre-Smoking, mit Elvis-Presley-Tolle, schwarzen Sonnenbrillen, schwerer Goldkette auf der rüschenbehemdeten Brust übertrieb Vieira die Fernsehposen bekannter Stars, parodierte portugiesische Liedtraditionen, Machoposen und Mythologeme. Er sprang steppend auf die Tische, an denen sich die Leute vor Lachen bogen, die Mädchen hingerissen von seinem Charme, die Jungen amüsiert über seine oft unanständige Interpretation der von ihren Eltern hoch und heilig gehaltenen Fado-Rührseligkeit. Ein Bein auf einem Schemel abgestützt, spielte er die klassisch-portugiesische Gitarre und trug dazu das traurige Lied vom Soldaten vor, der in den Kolonialkrieg ziehen musste oder die schmalzige Sehnsucht nach Lourenço Marques, wie die alte Hauptstadt der portugisischen Kolonie Mozambique genannt wurde. Die Mischung von Gehaltensein an das Alte und seine Persiflage, das Spiel mit vorhergehenden Formen, war, was den Erfolg der *Irmãos Catita* ausmachte. Die alten Lieder sind nicht vergessen, aber sie werden umgewandelt und den Gegebenheiten der Zeit angepasst. Keine Zerstörungswut, aber Lust auf Gelächter.

POESIE. Angesichts der vielfältigen Sorgen aber blüht die Dichtung, die nach wie vor eine große Rolle im Alltagsleben der Portugiesen spielt. Daher gehört das letzte Wort der 2004 verstorbenen Dichterin Sophia de Mello Breyner, die in *Navigationen* ihre Heimatstadt beschwört:

Ich sage »Lissabon«
Wenn ich vom Süden über den Fluss her komme
Und die Stadt öffnet sich wie geboren unter ihrem
                                                    Namen
Öffnet sich und steigt auf in ihrer nächtlichen Weite
In ihrem lang gezogenen Schimmern von Blau und
                                                    Fluss
In ihrem zerklüfteten Körper aus Hügeln –
Ich kann sie besser sehen, weil ich sie benenne
Alles wird klarer, wo sie ist
Alles zeigt sich klarer, wo sie nicht ist
Weil ich »Lissabon« sage
Mit ihrem Namen von Sein und Nichtsein
Mit ihren Schlingen aus Erstaunen Schlaflosigkeit und
                                                    Baracken
Und ihrem geheimen Theater Funkeln
Ihrem wie verrückten Lächeln aus Intrige und
                                                    Komplizität
Während die See sich weit westwärts erstreckt
Lissabon schlingernd wie ein Segelboot
Lissabon grausam in nächster Nähe zu seiner
                                                    Abwesenheit erbaut
Ich sage den Namen der Stadt
Ich sage ihn, um zu sehen.

LITERATURLISTE

Primärliteratur

Redol Alves, António: O Cavalo Espantado. Colecção Contemporâneo. Lisboa 1960

Andresen, Sophia de Mello Breyner: Navegações. Ed. Caminho. Lisboa 1996

Antunes, António Lobo: Der Judaskuss. Verlag Volk und Welt. Berlin 1988

Antunes, António Lobo: Die Leidenschaften der Seele. Hanser. München 1994

Antunes, António Lobo: Die Rückkehr der Karavellen. Luchterhand. München 2000

Antunes, António Lobo: Einblick in die Hölle. Luchterhand. München 2003

Antunes, António Lobo: Portugals strahlende Größe. Luchterhand. München 1998

Babo, Alexandre: Recordações de um caminhero. Ed. Escritor. Lisboa 1993

Barreno, Maria Isabel; Maria Teresa Horta; Maria Velho da Costa – (»die drei Marias«): Neue Portugiesische Briefe. edition tranvia. Berlin 1995 (Neuauflage der deutschen Übersetzung von 1976)

Camões, Luís Vaz de: Die Lusiaden. Wiss. Buchges. Darmstadt 1992

Camões, Luís Vaz de: »Os Lusiadas / Die Lusiaden«. Zweisprachig. Aus dem Portugiesischen von Hans Joachim Schaeffer. Elfenbein Verlag. Berlin 2004

Cardoso Pires, José: Lissabonner Logbuch. Hanser. München/Wien 1997

Cardoso Pires, José: Seine Exzellenz der Dinosaurus. Rütten & Löning. Berlin 1978

Cardoso, Miguel Esteves: A Causa das Coisas. Assiro&Alvim. Lisboa 1986

Castelo Branco, Camilo: Os brilhantes do brasileiro. Ed. de Ouro. Rio de Janeiro 1968

Döblin, Alfred: Schicksalsreise. Bericht und Bekenntnis. Flucht und Exil 1940–1948. München 1986

Engelmayer, Elfriede (Hrsg.): Samstag um acht: Schriftstellerinnen aus Portugal. edition tranvia. Berlin 1997

Freyre, Gilberto: Herrenhaus und Sklavenhütte: ein Bild der brasilianischen Gesellschaft. Stuttgart 1982

Freyre, Gilberto: Um brasileiro em terras portuguesas. Lisboa 1981

Gifford, Thomas: Der Mann aus Lissabon. Europa. München 1984

Goethe, Johann Wolfgang von: Dichtung und Wahrheit. München
1961

Gonçalves, Olga: A Floresta em Bremerhaven. Seara Nova. Lisboa 1975

Heinemann, Ellen (Hrsg.): Lissabon: Ein literarisches Porträt. Insel.
Frankfurt/Main 1997

Jorge, Lídia: Nachricht von der anderen Seite der Straße. Suhrkamp.
Frankfurt/Main 1990

Jorge, Lídia: Paradies ohne Grenzen. Suhrkamp. Frankfurt/Main 2002

Jorge, Lídia: Wie ein großes Portugal, in: Europa schreibt. Hrsg. von
Ursula Keller/Ilma Rakusa. Edition Körberstiftung. Hamburg 2003

Jorge, Lídia: Die Küste des Raunens. Suhrkamp. Frankfurt/Main 1993

Le Carré, John: Das Russlandhaus. Kiepenheuer & Witsch. Köln 1989

Losa, Ilse: Unter fremden Himmeln. Beck & Glückler. Freiburg 1991

Mann, Erika: In Lissabon gestrandet, in: Im Fluchtgepäck die Sprache.
Hrsg. von Claudia Schoppmann. Fischer. Frankfurt/Main 1995

Mann, Thomas: Bekenntnisse des Hochstaplers Felix Krull. München/
Wien/Zürich 1984

Meyer-Clason, Curt: Portugiesische Tagebücher (1969–1976). Verlag
AutorenEdition im Athenäum Verlag. Königstein/Taunus 1979

Natonek, Hans: Abschied von Europa, in: Verbannung. Aufzeichnungen
deutscher Schriftsteller im Exil. Hrsg. von Schwarz/Wegner. Hamburg
1964

Nickel, Eckhard: Gebrauchsanweisung für Portugal. Piper. München
2003

Noteboom, Cees: Die folgende Geschichte. Frankfurt/Main 1991

Pessoa, Fernando/Alberto Caeiro: Dichtungen. Ricardo Reis: Oden.
Fischer. Frankfurt/Main 1989

Pessoa, Fernando/Álvaro de Campos: Poesias / Gedichte. Fischer. Frank-
furt/Main 1991

Pessoa, Fernando: Das Buch der Unruhe. Fischer. Frankfurt/Main 1987

Pessoa, Fernando: Lissabon. Was der Reisende sehen sollte. Ammann
Verlag. Zürich 2001

Pessoa, Fernando: Moral, Regras de Vida, Condições de Iniciação.
Edições Manuel Lencastre. Lisboa 1988

Pinto Correia, Clara: Das Alphabet der Frauen. Byblos Verlag. Berlin 1992

Portugiesische Briefe – Die Briefe der Marianna Alcoforado. Insel. Wiesbaden 1950

Portugiesische Briefe – Lettres Portugaises. Hrsg. von Charlotte Frei. verlag blaue ente. Essen 2002

Portugiesische Erzählungen des Zwanzigsten Jahrhunderts. Hrsg. von Curt Meyer-Clason. Beck & Glückler. Freiburg 1988

Queirós, José Maria Eça de: Dicionário de Milagres. Lello & Irmão Ed. Porto 1980

Queirós, José Maria Eça de: Die Maias. Piper. München 1986

Queirós, José Maria Eça de: Die Reliquie. Aufbau. Berlin 1984

Queirós, José Maria Eça de: Vetter Basilio. Piper. München 1989

Remarque, Erich Maria: Die Nacht von Lissabon. Aufbau. Berlin und Weimar 1976

Saramago, José: Das Todesjahr des Ricardo Reis. Rowohlt 1988

Saramago, José: Das Wort der kleinen Länder, in: Tranvia, Revue der Iberischen Halbinsel. Berlin 1997/46

Saramago, José: Geschichte der Belagerung von Lissabon. Rowohlt. Reinbek/Hamburg 1992

Saramago, José: Das Evangelium nach Jesus Christus. Rowohlt. Reinbek/Hamburg 1993

Saramago, José: Das steinerne Floß. Rowohlt. Reinbek/Hamburg 1990

Saramago, José: Das Memorial. Rowohlt. Reinbek/Hamburg 1986

Schneider, Reinhold: Portugal. Ein Reisetagebuch. Suhrkamp. Frankfurt/Main 1984

Schreker-Bures, Haidy: Spaziergang durch ein Leben. Verlag Los Talleres de Aleman. Buenos Aires 1981

Sieburg, Friedrich: Wo die Sonne immer untergeht. Lissabonner Spaziergänge, in: Frankfurter Zeitung 16.5.1937

Subrahmanyam, Sanjay: The career and legend of Vasco da Gama. Cambridge University Press. Cambridge 1997

Tabucchi, António: Erklärt Pereira. Hanser. München 1995

Tabucchi, António: Lissabonner Requiem. Eine Halluzination. Hanser. München 1994

Tillinger, Eugen: Lissabon 1940. In: Aufbau 12.10.1940

Vieira, Manuel: Só desisto se for eleito. Artemagica. Lisboa 2004

Wilson, Robert: Das verdeckte Gesicht. Goldmann. München 2003

189

Wilson, Robert: Tod in Lissabon. Goldmann. München 2002

Zimler, Richard: Der Kabbalist von Lissabon. Wunderlich. Reinbek/ Hamburg 1997

Zink, Rui: Hotel Lusitano. Deuticke. Wien 2002

Sekundärliteratur

Ackermann, Michael: Das Meer vor Augen, das Land im Rücken. Portugiesisches Puzzle. Aufsatz im Internet.

Beck, Johannes. Lissabon und Umgebung. Erlangen 2003

Bender, Gerald J.: Angola under the Portuguese, The Myth and the Reality, University of California Press. Berkeley and Los Angeles 1978

Blume-Werry, Ferdinand: Bomba, Pipa e Botão. Portugiesische Spuren in indischen Sprachen, in: Tranvia, Revue der Iberischen Halbinsel. Berlin 1998/49

Brieskorn, Norbert: Das Erdbeben von Lissabon und sein Echo in der Aufklärungszeit, in: Die Neue Gesellschaft. Frankfurter Hefte. Bonn 1997, Jg. 44/Heft 9

Buck, Paul: Cities of Imagination / Lisbon – A cultural and literary companion. Signal Books. Oxford 2002

Carvalho, Gabriela: Itinerários Temáticos de Lisboa. Medialivros. Lisboa 2003

Coleman, Alexander: Eça de Queirós, in: The New Criterion Vol. 17, No. 8, April 1999

Crespo, Àngel: Fernando Pessoa. Das vervielfältigte Leben. Eine Biographie. Ammann Verlag. Zürich 1996

Engelmayer, Elfriede: Die (immer noch) unendliche Geschichte. Die EXPO, Portugal und Spanien, in: Tranvia, Revue der Iberischen Halbinsel. Berlin 1998/49

Engelmayer, Elfriede: Paradies ohne Grenzen. Über Lídia Jorges neuen Roman, in: Tranvia, Revue der Iberischen Halbinsel. Berlin 1997/47

Enzensberger, Hans-Magnus: Ach Europa! Wahrnehmungen aus 7 Ländern. Suhrkamp. Frankfurt/Main 1987

Flunser Pimentel, Irene: The Transit and Presence of Refugees in Portugal, in: In Time of War. Portugal, Cascais, Estoril and the refugees during the Second World War. Exhibition Catalogue, hrsg. Câmara Municipal de Cascais 2004

Franz Schreker no Estoril. Ausstellungskatalog Camara Municipal Cascais 2001

190

Freitag, Barbara: Lissabon und Eça de Queirós, in: Lusorama, Zeitschrift für Lustanistik. Frankfurt/Main. Oktober 1996. Heft 31

GEO Special: Portugal. Nr. 6/89. Hamburg 1989

Grossegesse, Orlando: Neues aus Pessonanien. Kunstfiguren in einer Denk-Landschaft, in: Tranvia, Revue der Iberischen Halbinsel. Berlin 1998/50

Grossegesse, Orlando: Portugal & Saramago – Gehört der Nobelpreis »uns« oder ihm?, in: Tranvia, Revue der Iberischen Halbinsel. Berlin 1998/51

Grossegesse, Orlando: Wir Portugiesen sind doch die Größten. Lusitanische Querschläge, in: Tranvia, Revue der Iberischen Halbinsel. Berlin 1998/49

Grossegesse, Orlando: Zwischen Fatum und Fiktion. Lusitanische Querschläge, in: Tranvia, Revue der Iberischen Halbinsel. Berlin 1997/47

Hasebrink, Gesa: Sesam-öffne-dich am Tejo. Die Livraria Buchholz in Lissabon, in: Tranvia, Revue der Iberischen Halbinsel. Berlin 1997/47

Herzog, Werner: Lissabon. Literarische Streifzüge durch die Stadt. Books on demand 2002

Heß, Renate: Ein Stück Europa, das ganz anders ist. Ein Gespräch mit Ray-Güde Mertin, Agentin für Literatur, in: Tranvia. Berlin 1997/46

Jessen, Jens: Der bedrohte Charme der Bourgeoisie. Die Zerstörung Lissabons fand nicht statt, in: Frankfurter Allgemeine. 4.12.1988

Jeudy, Henri-Pierre: Stadterfahrungen: Tokio, Rio, Berlin, New York, Lissabon. Merve-Verlag. Berlin 1998

Judice, Nuno: Das portugiesische Paradies, in: Deutsche sehen Portugal [bibliographische Ausstellung, 12.–31. Oktober 1997, Literaturhaus Frankfurt] Lisboa Artes Gráficas, 1997

Kataloge zur Expo (Pavilhão da Utopia, Pavilhão de Portugal, Pavilhão do Conhecimento dos Mares, Pavilhão do Futuro, Pavilhão dos Oceanos). Verlag Parque EXPO 98. Lissabon 1998

Krause, Hanna: Rassismus am Rande. Zur Situation in Portugal, in: Multikulturalität. Diskurs und Wirklichkeit. Ikus. Wien 1993

Lange, Wolf-Dieter, Smolka, Andrea-Eva (Hrsg.): 25 Jahre nachrevolutionärer Literatur: Nationale Mythen und kulturelle Identitätssuche. Nomos. Baden-Baden 2001

Lesen, unbegrenzt reisen: die Portugiesen und die Welt, hrsg. von Maria Alexandre Lousada. Commissão Nacional para as Comemorações dos Descobrimentos Portugueses 1997. Lisboa

Lissabon 1933 – 1945. Fluchtstation am Rande Europas, hrsg. von der Akademie der Künste. Berlin 1995

Louçã, António: Geschäfte mit den Nazis. Goldlieferungen an Portugal, in: Tranvía 1997/44

Louçã, António: Nazigold für Portugal: Hitler und Salazar. Holzhausen. Wien 2002

Lourenço, Eduardo: Mythologie der Saudade – Zur portugiesischen Melancholie. Suhrkamp. Frankfurt/Main 2001

Lourenço, Eduardo: Portugal – Europa, Mythos und Melancholie. TFM Verlag. Frankfurt/Main 1997

Magalhães, Isabel Allegro de: Missa in albis von Maria Velho da Costa – Ein »Oratorium« für portugiesische Stimmen, in: Lange, Wolf-Dieter, Smolka, Andrea-Eva (Hrsg.): 25 Jahre nachrevolutionärer Literatur, zit. a. a. O.

Martins, Maria João: Beneath Strange Skies – Daily Life in Lisbon during the Second World War, in: In Time of War. Portugal, Cascais, Estoril and the refugees during the Second World War. Exhibition Catalogue. Hrsg. Câmara Municipal de Cascais 2004

Merian: Portugal. 2001

Missler, Eva: Lissabon: Das Bild der Stadt und die Stadt als Bild. Shaker Verlag. Aachen 1997

Moita, Luiz: O Fado. Canção dos Vencidos. Lissabon 1936

Moura, Paulo: Der andere Vasco da Gama, in: Tranvía, Revue der Iberischen Halbinsel. Berlin 1998/49

Mucznik, Esther: The Role of the Lisbon Jewish Community in Support of the Refugees during the Second World War, in: In Time of War. Portugal, Cascais, Estoril and the refugees during the Second World War. Exhibition Catalogue, hrsg. Câmara Municipal de Cascais 2004

Offenhäußer, Dieter: Ilse Losa: Unter fremden Himmeln »… als zöge die Landschaft und wir ständen fest«, in: Die Schwestern der Mariana Alcoforado – Portugiesische Schriftstellerinnen der Gegenwart, hrsg. von Elfriede Engelmayer und Renate Heß. edition tranvía. Berlin 1993

Osang, Rudolf: Seefahrer, Sehnsüchte und Saudade: Lissabonner Perspektiven. Picus. Wien 1998

Pacheco, Christina: Cascais and Estoril during the Second World War, in: In Time of War. Portugal, Cascais, Estoril and the refugees during the Second World War. Exhibition Catalogue, hrsg. Câmara Municipal de Cascais 2004

Pollak, Ilse: Ein sehr dunkler, fast schwarzer Mulatte im Lissabon der Jahrhundertwende: zu Mário Domingues' Roman *O menino entre gigantes,* in: Studien zur Lusographie in Afrika, Beiheft zu Lusorama, Zeitschrift für Lusitanistik, 3. Reihe, 5. Band, Frankfurt/Main 1993

Pollak, Ilse: Nachwort zu António Lobo Antunes: »Die Rückkehr der Karavellen«. Zit. a. a. O.

Rocha, Rui: »Portugal kann Indien keine Entscheidungen aufzwingen«. Ein Gespräch mit dem Historiker Sanjay Subrahmaniam, in: Tranvia, Revue der Iberischen Halbinsel. Berlin 1998/49

Rössner, Michael (Hrsg.) Literarische Kaffeehäuser, Kaffeehausliteraten. Böhlau. Wien/Köln/Weimar 1999

Salema, Teresa: Wim Wenders' »Lisbon Story«. Deutsche Filmbilder emigrieren bis ans Ende Europas, in: Tranvia, Revue der Iberischen Halbinsel. Berlin 1995/38

Santos, Paulo: Lissabon. Ein Führer zur zeitgenössischen Architektur. ellipsis Könemann. Köln 1998

Silva-Brummel, Fernanda: »E todos, todos se vão«. Haag und Herchen. Frankfurt/Main 1987

Smolka, Andrea-Eva: »Lisboa não é branca« – Der Dialog mit dem Mythos Lissabon bei José Saramago, José Cardoso Pires und Mário de Carvalho, in: Lange, Wolf-Dieter, Smolka, Andrea-Eva (Hrsg.): 25 Jahre nachrevolutionärer Literatur, zit. a. a. O.

Studemund-Halévy, Michael: »Ich habe meine Seeele zurückgelassen« Portugal gedachte der Vertreibung und der Zwangstaufe vor 500 Jahren, in: Tranvía, Revue der Iberischen Halbinsel. Berlin 1997/44

Studemund-Halévy, Michael: Portugal und seine Juden, in: Tranvía, Revue der Iberischen Halbinsel. Berlin 1996/41

Telo, António José: Portuguese Neutrality in the Second World War, in: In Time of War. Portugal, Cascais, Estoril and the refugees during the Second World War. Exhibition Catalogue, hrsg. Câmara Municipal de Cascais 2004

Musik

Cesária Évora
Camané
Mísia
Mariza
Dulce Pontes
Amália Rodrigues
Fado
Os Irmaos Catita
Ena Pá 2000

Zeitschriften

Tranvía
Público
Ler
Lusorama
O Milagre

Webpages

www.metrolisboa.pt
novacultura.de

Filme

CASABLANCA (Michael Curtiz 1942)
DER STAND DER DINGE (Wim Wenders 1982)
DIE WEISSE STADT (Alain Tanner 1983)
ERKLÄRT PEREIRA (Roberto Faenza 1996)
LISBON STORY (Wim Wenders 1994)
THE RUSSIA HOUSE (Fred Schepisi 1990)

NAMENSREGISTER

ORTSREGISTER

BILDNACHWEIS

akg-images: S. 14, 42.
Arquivo de Fotografia de Lisboa – CPF/MC: S. 94 (Datum: 1944/03/05).
corbis: S. 23 (Michael Nicholson), 62 (Bo Zaunders).
Divisão de Documentação Fotográfica – Instituto Português de Museus,
   Lisboa: S. 29.
dpa Picture-Alliance GMbH: S. 46, 69, 91.
ICEP Portugal, Handels- und Touristikamt, Frankfurt: S. 160, 162, 167.
Metropolitano de Lisboa: S. 164 (Júlio Pomar, Fernando Pessoa. Graffiti
   in der Metro-Station Alto dos Moinhos, Foto: Paulo Cintra u. Laura
   Castro Caldas).
Ohlbaum, Isolde: S. 140.
Scholl, Sabine: S. 34, 60.
ullstein bild: S. 88, 104, 129, 180.

Leider konnten nicht alle Rechteinhaber ausfindig gemacht werden.
Berechtigte Ansprüche werden gern vom Verlag abgegolten.